世界經濟的新解答

マネーはこれから どこへ向かうか

大前研一

劉愛夌 譯

面對貿易戰爭與金融動盪，
如何在劇變來臨前站穩腳步？

作者簡介

大前研一

早稻田大學理工學部學士，東京工業大學原子核工學碩士，麻省理工學院（MIT）原子力工學博士。曾任職於麥肯錫顧問公司（McKinsey & Company），現為商業突破股份有限公司代表董事、商業突破大學研究所（Business Breakthrough School，BBT）校長、澳洲邦德大學（Bond University）商學院教授、商業突破股份有限公司（Business Breakthrough Inc.）的董事長兼總經理。著有《全球趨勢洞察》、《新領導力：克服危機時代的領導者條件》、《思考的技術》、《新．企業參謀》、《思考的原點：大前研一的麥肯錫思考術》、《低IQ時代》、《旅行與人生的奧義》等書。

「無國界經濟學」與「地域國家論」的提倡者。任職於麥肯錫時，於《華爾街日報》（*The Wall Street Journal*）擔任撰稿編輯、並於《哈佛商業評論》（*Harvard Business Review*）持續發表論文，探討無國界化所伴隨的企業國際化問題，以及以都市發展為中心往外擴展等新的地域國家論概念等。由於其功績卓越，一九八七年由義大利總統頒發 Pio Manzù 獎，一九九五年美國聖母大學（University of Notre Dame）授予其榮譽法學博士學位。

英國《經濟學人》（*The Economist*）就現代世界的思想領袖提出評價，認為在美國有已故的彼得．杜拉克（Peter Drucker）與湯姆．彼得斯（Tom Peters），在亞洲有大前研一，在歐洲各國則沒有可與之媲美的思想導師。該雜誌於一九九三年的管理大師特刊，將大前研一列為十七名世界級大師之一；又於一九九四年的特刊，將其評選為五大管理大師之一。二〇〇五年，大前研一獲選為世界「五十大思想家」（Thinkers 50）之一，亦是唯一的亞洲人。

大前研一也以管理顧問身分活躍於全球各國，並為改革日本困頓的政治體系、並實現一個真正的生活者主權國家，持續提出新的方案與概念。

他的興趣是水肺潛水、滑雪、騎越野機車和雪上摩托車、吹單簧管。和夫人珍娜（Janet）育有兩個兒子。

譯者簡介

劉愛夌

日本文學碩士，典型的A型，不標準的獅子座。

除了是個在中文與日文之間穿梭的自由譯者，還是個每天和兩個小寶貝搏鬥的媽媽。

聯絡請至： ireneliu.jp@gmail.com

目錄
CONTENTS

第一章　政治所引發的經濟危機

第二章　G0世界，今後全球經濟將何去何從？

第三章　美國真的在走下坡嗎？

第四章　星星之火，可燎歐洲

第五章 無法適應世界的日本經濟和企業

終章　向矽谷看齊

前言

四分五裂的世界：經濟危機的起因不再是金融，而是政治？

二〇一七年，川普（Donald Trump）當選第四十五任美國總統。我對川普總統的政見相當不以為然，他對經濟一無所知，不但擁戴孤立主義，還頻頻推行逆全球化政策。倘若他再這樣任意妄為，世界很有可能會四分五裂，陷入經濟危機之中。

至今人類走過了許多金融風暴，像是雷曼兄弟事件、希臘國債危機、杜拜金融危機等，都令人記憶猶新。但大家不知道的是，我們即將面臨的狀況，遠比雷曼兄弟事件更驚心動魄、更難以應付。

雷曼兄弟事件起因於次級貸款，也就是金融因素。然而，如今我們所面對的，卻是「政治」所造成的經濟危機。

目前全球經濟狀況動盪不安，世界各地皆出現不少大變動，像是川普當選美國總統、英國人民選擇脫離歐盟；歐洲方面，二〇一七年除了有法國總統大選，還有德國聯邦議院選舉。

川普勝選和英國脫歐可視為人民對全球化的反彈表現。**人力、物資、金錢在全球化的影響下自由流動，許多人民對此是既憤怒又恐懼，進而將自己封閉在國境之中。**

這些政治事件將對全球經濟帶來極大的影響，再加上政治因素較難以預測，我們絕對不可小看眼前這股蠢蠢欲動的力量。

目前日本經濟也岌岌可危，財政復興停滯不前。若再持續惡化下去，日本將失信於國際，公債狂跌，甚至爆發通貨膨脹危機。

相對於日本的窘境，有些地區則如日中天，坐擁十足的人力和財力——美國矽谷就是最經典的例子。我常踏足「當紅都市」感受當地氣氛，親眼檢視先進企業的發展狀況。就我的經驗而言，矽谷真的是一個非常特別的地方，每隔一陣子沒去，當地勢力就會重新洗牌。

過去我分別在二〇一〇年、二〇一三年、二〇一四年到過矽谷，二〇一六年秋天才去調查過最新狀況。最近我還帶領自家讀書會成員——八十名企業主參訪了當地二十三家公司。矽谷這個地方匯集了世界各地的創意與財富，這裡很多公司只創業一、兩年就躍上國際舞台，與全球頂尖企業一較高下。

本書將介紹矽谷的最新狀況，並解說當地的投資潮流，分析今後世界終將「錢」歸何處。在最後一章中，我會教大家如何掌握矽谷的動向，幫助各位在這混亂的時代中搶得先機，尋得指路明燈。

如今**美國已非「美利堅合眾國」（United States of America），而是「美利堅分眾國」（Divided States of America），其內部已分裂為「沿岸合眾國」**

（United States of Coast）和「內陸合眾國」（United States of Inland）。矽谷（舊金山灣區）是「沿岸灣區」最具代表性的地區，要掌握美國最即時的「分裂狀況」，就必須釐清這個地區在美國整體中的獨特性。

本書將帶各位從政治、經濟等各種角度，深度分析世界動態，並掌握全球所面臨的風險要因。希望在這亂世之中，本書能帶領各位重新思考企業經營之法，以及個人生存之道。

二〇一七年六月　大前研一

序章

「人才」與「資金」今後將流向何處？

01- 全球動盪的要因

02- 人才與資本將匯集何處？

03- 全球資金已從新興國家改流向美國

01 全球動盪的要因

「國家主義」與「抗全球化」的崛起

英國脫歐、川普當選美國總統——在種種無法預測的因素之下，如今全球情勢比雷曼兄弟事件發生時更加動盪混亂。亞洲方面，日本目前國債高築，隨著少子化、高齡化愈趨嚴重，債務愈來愈難還清，再這樣下去，日本很可能面臨通貨膨脹危機。

話說回來，如今國際社會為何如此動盪不安呢？這其實有很多原因，但若要論起「罪魁禍首」，便是**「國家主義」與「抗全球化」勢力的崛起**，美國川普政權就是最好的例子。**在這樣的影響下，世界經濟呈現出非常矛盾的狀況，在全球化的財經潮流下，各國卻逐漸偏向封閉和保守。**

除了川普之外，不少歐盟和新興國家也開始盛行民粹主義（Populism）。許多政治家短視近利，為了討好國民而一味維護自國利益，帶領國民對抗全球化。若放任這些民粹主義者繼續推行保守政策，這些國家就無法享受便宜的物料、勞力等全球化經濟的恩惠，進而導致物價上漲。關稅一旦加重，物價也會跟著上升，最後迎來通貨膨脹、國內經濟疲乏等惡果。

基於以上原因，我們一定要釐清目前的國際情勢，徹底掌握資金流向，並擬定因應通貨膨脹的政策，儲備「守護個人資產」的能力，以備將來不時之需。

在接下來的幾章中，我將帶各位深入分析目前各國、各地區的情勢。在那之前，我們先來看看各國、各地區的「頭條大事」，理解全球正面臨哪些動盪不安的狀況。

【動盪全球的頭條大事】

- G20、G7、G2（中美）、G1（美國獨大）的時代已然過去，如今是「G0」——世界零高峰，全球群龍無首。
- 美國前總統歐巴馬（Barack Obama）毫無作為，堪稱史上最無能總統。
- 川普上任後，美國的狀況也很難改善，甚至會更加混亂。川普對經濟、外交、政治接近一無所知，卻總是大言不慚，盡說些不負責任的言論，這樣下去只會陷入惡性循環，被迫卸任交權。
- 俄羅斯總統普丁（Vladimir Putin）深受國民歡迎，卻不擅與歐美國家溝通協調。
- 中國國家主席習近平肅清異己，導致中國國內氣氛緊張，無餘力與其他國家溝通協調。
- 德國總理梅克爾（Angela Merkel）在難民問題上誤判歐盟國

家和德國國民意願，導致她在二〇一七年九月的大選中成果不如預期。

- 法國和義大利政權交替。
- 英國未經深思熟慮即計畫脱歐，導致各種脱序。
- 歐盟剩下的二十七國欲追求團結，卻因難民問題而產生分歧。
- 北韓不斷進行核子試驗並試射飛彈，猶如一顆無法預測的不定時炸彈。
- 原本預計金磚五國（BRICS，指巴西、俄羅斯、印度、中國、南非五個新興國家）的經濟發展將持續成長至二〇五〇年，如今卻已成為過去式，每況愈下。
- 印度經濟剛上軌道，卻因為不確定因素過多，導致每逢選舉便動盪不安。
- 東南亞國家協會（Association of Southeast Asian Nations，

ASEAN）遭中國離間，導致寮國和柬埔寨間出現嫌隙。

- 《跨太平洋戰略經濟夥伴關係協定》（The Trans-Pacific Partnership，TPP）已然四分五裂。

看到這裡相信各位已經明白，舉凡美國、中國、歐盟、北韓、金磚五國、東南亞國家協會……，全球各地皆充滿了不安定要素，情勢動盪且混亂不堪。

動盪不安的各國變局

接下來我們來看看全球各地的詳細情況。

首先是土耳其。土耳其總統艾爾多安（Recep Tayyip Erdoğan）在發動政變後深獲人民愛戴，卻不懂得和他國協調，導致外交關係陷入緊張。中東方面，伊朗和沙烏地阿拉伯因伊斯蘭教——什葉派（Shia）和遜尼派（Sunni）之爭而劍拔弩張，使得敘利亞、葉門、伊拉克等國家陷入水深火熱之中。遜尼派的極端主義者——伊斯蘭國（The Islamic State，I S）更趁勢崛起，導致全球籠罩在恐怖攻擊的威脅之下。之前利比亞和突尼西亞在美國的支持下發起「阿拉伯之春」（Arab Spring），如今已淪為各族割據、無法收拾的混亂場面。

中東的情況代表著什麼呢？以往美國靠著「打擊獨裁擁護民主」的精神走天下，然而時至今日，他們若不正視伊拉克、埃及的下場，並從中自我反省、記取教訓，敘利亞和北韓是不會乖乖聽話，任美國「擺布」的。

川普上任後，不僅給了墨西哥一記當頭棒喝，委內瑞拉、哥倫比亞、巴西等中南美國家也頓失方向，無人帶領。埃及、泰國雖歷經大選，卻仍是軍人掌權。菲律賓總統杜特蒂（Rodrigo Duterte）不斷算計親美和親中的好處，鋌而走險，菲國若未將這件事處理好，將來肯定自食惡果。

韓國因發生前所未有的政壇醜聞而陷入停擺，進退兩難。澳洲政權經常輪替，在經濟方面則因為非常仰賴對中國的出口，其中又以礦物為主，導致中國經濟走下坡後，澳洲財政也大受打擊。希臘總理齊普拉斯（Alexis Tsipras）奉行民粹主義，卻因受到歐盟威脅而吃盡苦頭，如今他在國際間動彈不得，在國內的人氣也大不如前，已不敢有大動作。

由此可見，**目前全球根本沒有一處安寧，無論你我都活在混亂之中**。如果現在有政治人物跳出來告訴人民說：「明年、後年的經濟充滿希望，一定會愈來愈好。」不用懷疑，他一定是個民粹主義者。

02 人才與資本將匯集何處？

美國灣區：新興產業勢如破竹

雖然全球籠罩在不安之中，但仍存有一絲光明，那就是勢如破竹的新興產業。這些新興產業大多源於美國西岸的灣區，也就是矽谷到舊金山地區。以前提到「矽谷」，一般都是指史丹佛大學（Stanford University）和蘋果（Apple）總公司的所在地——聖荷西（San Jose）到帕羅奧圖（Palo Alto）一帶，現在則泛指舊金山灣區。

如今矽谷是技術、產業、商務的聚集之地，主要涵蓋物聯網（Internet of Things，IOT）、人工智慧（Artificial Intelligence，AI）、金融科技（Financial Technology，FinTech）、虛擬實境（Virtual Reality，VR）、大數據（Big Data）等科技。該區很少土生土長的美國人，最多的是以色列人，再來則是台灣、印度，以及舊東歐圈出身者。這些外國人野心勃勃，才智雙全，開創出許多新技術領域。

在開發人工智慧這類新技術時，最重要的就是「結合新舊產業」。汽車、農業等舊產業擁有各式數據，如何將這些舊數據轉換成新價值，則是新興企業的工作。也就是說，這些新興企業必須設法與舊公司合作，以取得大量數據資料。

此外，物聯網、人工智慧等核心技術大多為新世代、新企業所有。這類核心技術正慢慢擴張到各行各業，進而形成許多「××科技」（× Tech），像是「農業科技」（AgTech）、「汽車科技」（AutoTech）、「金融科技」（FinTech）、「醫療科技」（MedTech）；業務執行方面，則有「人資科技」

（HRTech）、「廣告科技」（ADTech）、「法務科技」（LegalTech）等，各種新產業、新商務如雨後春筍般冒出。

全球人才、企業、資金的匯集之處——矽谷

矽谷因不斷推陳出新而受到全球矚目。現在許多公司都想在這個地區畫地盤，大批人才、企業、資金紛紛流入矽谷，矽谷則提供技術給全球各地的各行各業。

若要將進駐矽谷的企業全數列出，只怕三天三夜也列不完。因此，我在這裡只舉少數幾個例子，像是中國的騰訊（Tencent）就投資了專門開發圖片和影片分享行動應用程式的公司Snapchat；中國最大的搜尋引擎百度（Baidu）也在矽谷設立了研發中心，並積極挖角Google的研發人員。日本方面，豐田汽車（Toyota）、瑞可利（Recruit）、三菱日聯銀行等企業也和百度一樣在矽谷

設點，此外，日本新創產業也大舉進軍矽谷，相當值得注目。

印度企業家協會（The Indus Entrepreneurs，TiE）是專門支援印度創業家的組織，該協會也積極幫助矽谷當地的美國印僑。順帶一提，約有五千名的印度理工學院（Indian Institutes of Technology，IIT）校友在當地大展身手。

歐洲企業則有BMW、福斯（Volkswagen）、賓士（Mercedes-Benz）等汽車公司，博世（Robert Bosch）、德國馬牌（Continental AG）等汽車零件、機器製作廠商也於矽谷設置研發中心。西門子（Siemens AG）、SAP公司也各自在矽谷設立人工智慧研發和新創投資據點。美國的通用（General Motors，GM）、福特（Ford）這些原本以底特律為據點的汽車公司，也開始到矽谷「參一腳」。

圖0-1　世界各國於矽谷的投資及人才進駐狀況

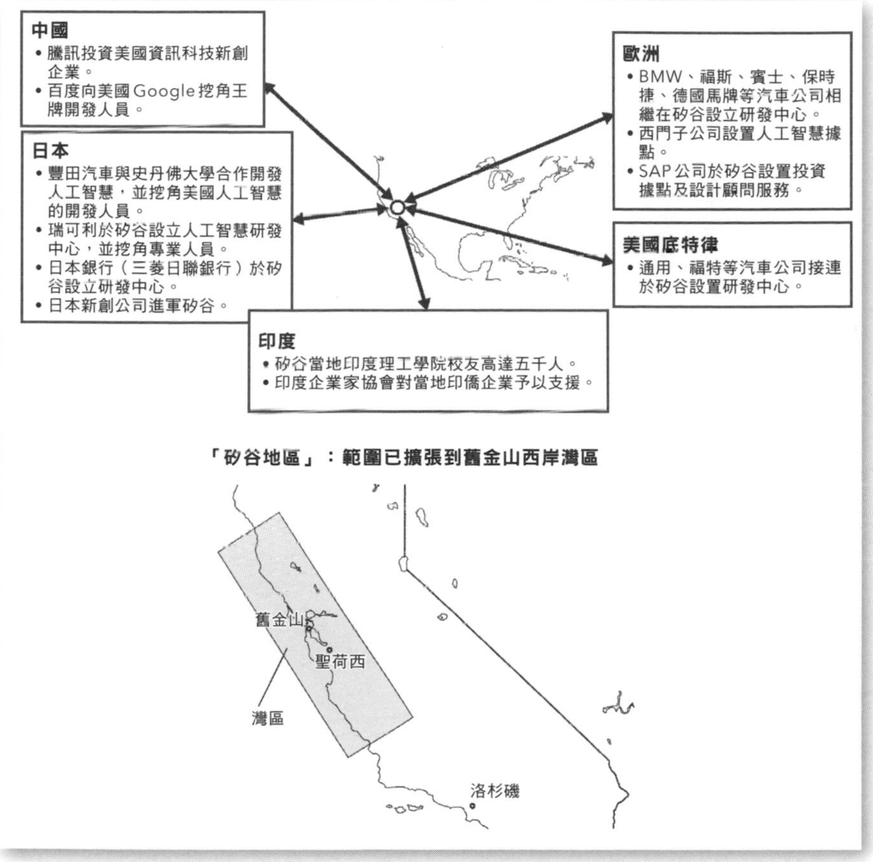

中國
• 騰訊投資美國資訊科技新創企業。
• 百度向美國 Google 挖角王牌開發人員。

日本
• 豐田汽車與史丹佛大學合作開發人工智慧，並挖角美國人工智慧的開發人員。
• 瑞可利於矽谷設立人工智慧研發中心，並挖角專業人員。
• 日本銀行（三菱日聯銀行）於矽谷設立研發中心。
• 日本新創公司進軍矽谷。

歐洲
• BMW、福斯、賓士、保時捷、德國馬牌等汽車公司相繼在矽谷設立研發中心。
• 西門子公司設置人工智慧據點。
• SAP 公司於矽谷設置投資據點及設計顧問服務。

美國底特律
• 通用、福特等汽車公司接連於矽谷設置研發中心。

印度
• 矽谷當地印度理工學院校友高達五千人。
• 印度企業家協會對當地印僑企業予以支援。

「矽谷地區」：範圍已擴張到舊金山西岸灣區

舊金山
聖荷西
灣區
洛杉磯

現在許多公司都想在矽谷地區畫地盤，導致大批人才、企業、資金紛紛流入該區，而矽谷則回饋技術給全球各地的各行各業。

資料來源：商業突破大學研究所（BBT）

03

全球資金已從新興國家改流向美國

雲遊四海的「國際游資」

進入二十一世紀後，世界的資金流向出現很大的轉變。**在經濟無國界、世界無國界的情況下**，居無定所的「國際游資」(homeless money) 自然是跨界而行，大舉流向報酬率較高的地區。而隨著科技日新月異，金錢流動也不斷加快。

想要掌握全球資金流向，那你得先追蹤「國際游資」。這些游資是非急用的剩餘資金，專攻投機又沒有上限，哪裡報酬高就往哪裡去。在全盛時期時，國際間的游資超過六千兆日圓，然而在雷曼兄弟事件發生後，金額已大不如前。目前這些游資都集中在某些都市或地區，遺憾的是，日本並不在名單之中。

游資主要源自市場資金的「過度流動」。為什麼資金會過度流動呢？因為政府未經深思熟慮就推出了貨幣寬鬆的金融政策，導致過多的資金流入市場。不過，二十一世紀之所以會出現大量的國際游資，有很大原因是因為全球高齡化和供過於求的問題日趨嚴重，在需求變少的情況下，很多錢無法轉換為物資，就這麼留了下來。

美國經濟欣欣向榮，資金持續流向新創企業

就目前全球資金動向來看，有段時間資金大舉湧入新興國家，如今卻又回流至美國。因此，現在美國的經濟狀況非常良好，商界一片欣欣向榮。尤其美國在二〇一五年和二〇一六年十二月升息後，成為先進國家中

圖0-2　對美直接投資的淨值和流量變化圖

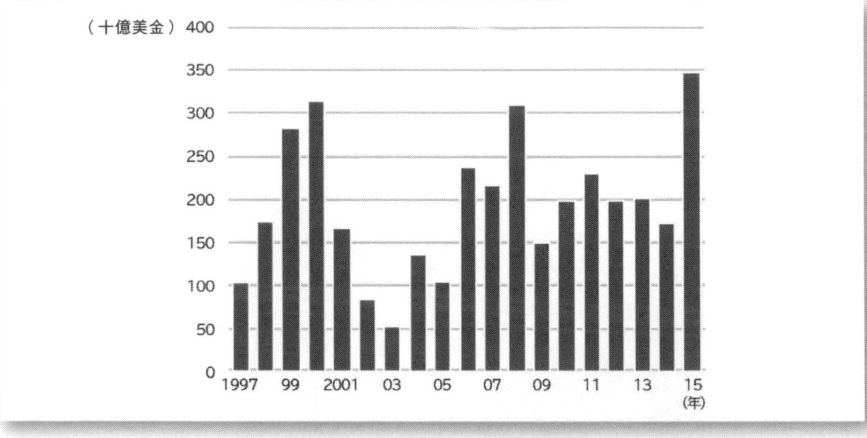

圖0-3　創投金額變化圖

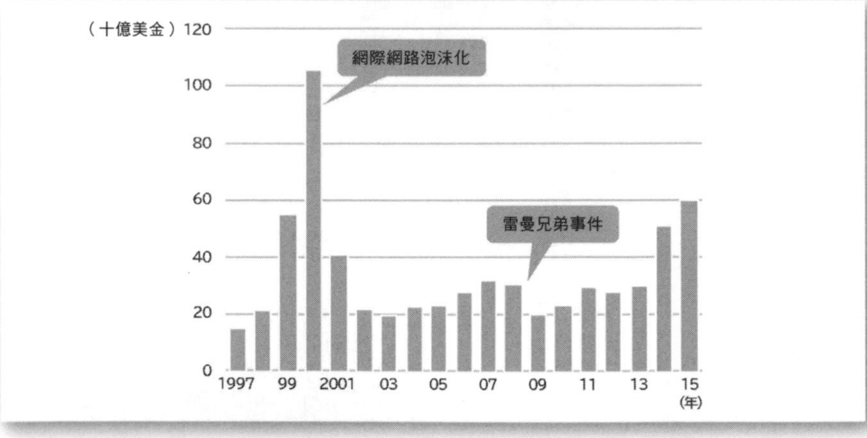

美國經濟欣欣向榮，資金不斷湧入，二〇一五年美國的外國直接投資金額創下過去最高紀錄，高達三千四百八十億美金，同年創投資金亦達到二〇〇一年後的頂峰。

資料來源：美國商務部，資誠聯合會計師事務所（PwC）〈MoneyTree〉

利息最高的國家，近年各路資金不斷湧入美國。二〇一五年美國的外國直接投資金額（Foreign Direct Investment，FDI）創下過去最高紀錄，高達三千四百八十億美金。

這些資金大多流入「獨角獸企業」（Unicorn）等新創公司。所謂的「獨角獸企業」，是指估值超過十億美金的未上市公司。美國的「獨角獸企業」高達上百家，日本則只有網拍行動應用程式Mercari和DMM。

創投資金（Venture Capital，VC）方面，先於二〇〇〇年網際網路泡沫化時達到巔峰，之後開始狂跌，在雷曼兄弟事件後盪到谷底，又於近年起死回生，在二〇一五年達到網際網路泡沫化後的頂峰。

創投資金匯集地：新矽谷（灣區）

圖0-4是美國各地創投金額的變化圖，這張圖告訴我們，創投資金有一

半——高達五兆日圓都集中在矽谷（灣區），其他像紐約、波士頓、洛杉磯只有一兆日圓。就投資額來看，矽谷占了絕大的優勢。順帶一提，日本的創投資金即使打腫臉充胖子也只有幾千億日圓，想投資還找不到公司投資呢！

圖0-5是二〇一五年創投金額最高的十家公司，冠軍是專營民宿出租的Airbnb，總金額高達十五億美金；亞軍是提供共乘服務的優步（Uber），共十億美金；季軍是線上融資仲介SoFi；第四名則為太空探索公司SpaceX。同有五億成績的有前面提到的Snapchat、共乘服務的來福車（Lyft）、中小企業人事管理公司Zenefits；四億的則有專營大數據分析的帕蘭泰爾科技，以及辦公室共享公司WeWork。

這些公司分別位於哪裡呢？第一名到第九名全位於加州，第十名的WeWork目前總部設於紐約，但當初是在舊金山創立。也就是說，名列榜上的全是加州出身的企業，其所調度到的資金令其他地區望塵莫及。

圖0-4　美國各地創投金額變化圖

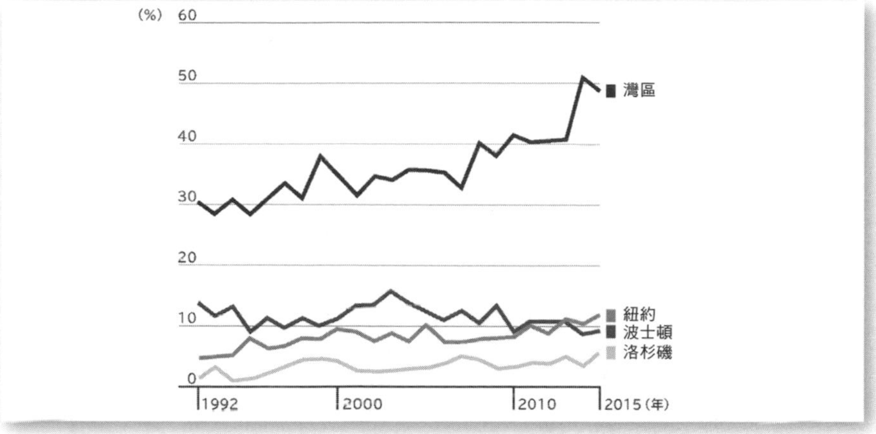

圖0-5　二〇一五年創投金額排行榜

名次	企業名稱	事業內容	金額(億美金)	州
1	Airbnb	民宿出租	15.0	加州
2	優步(Uber)	共乘	10.0	加州
3	SoFi	線上融資仲介	10.0	加州
4	SpaceX	火箭、太空船的開發與發射	10.0	加州
5	Snapchat	圖片共享行動應用程式	5.4	加州
6	來福車(Lyft)	共乘	5.3	加州
7	Zenefits	中小企業人事管理	5.0	加州
8	帕蘭泰爾科技(Palantir Technologies)	大數據分析	4.5	加州
9	帕蘭泰爾科技	大數據分析	4.3	加州
10	WeWork*	辦公室共享	4.0	紐約

*創業地為加州舊金山

創投資金超過一半流入灣區，二〇一五年的創投金額最高的前十名中，有九間公司為加州企業。

資料來源：二〇一六年七月十二日《華爾街日報》(*The Wall Street Journal*)
©商業突破大學研究所

資訊科技新重心：舊金山

前面提到「灣區＝新矽谷」，接下來我將分成「舊矽谷」和「舊金山」兩個角度進行分析。

相較於「舊矽谷」（以前的矽谷地區），舊金山這幾年發展勢如破竹，二〇一四年就拿到跟舊矽谷相同的投資金額。就我來看，舊金山的資金今後還會有成長空間。

那麼，這兩個地區各自擁有哪些當紅炸子雞企業，又有多少創投資金呢？圖0-7是二〇〇四年這兩個地區的大型資金流入狀況，舊矽谷有專營雲端儲存空間的Pure Storage，金額為兩億兩千五百萬美金；行動通訊應用軟體Tango有兩億美金；帕蘭泰爾科技則有一億六千五百萬美金。舊金山方面，根據二〇一四年第一至第三季的資料，優步的創投資金高達十二億美金，雲端平台Dropbox有三億兩千五百萬美金，來福車則為兩億五千萬美金。

由此可見，資訊科技產業的重心已從舊矽谷移向舊金山，全球資金已從原本的新興國家改流向美國，且多集中在矽谷（灣區）的舊金山地區。

為何國際游資不流往日本？

那麼，日本呢？日本擁有世界級的大型市場，也有很多股價小於資產價格的股份有限公司，對國際游資具有相當高的吸引力。然而，全球的各式資金卻對日本不屑一顧。安倍晉三首相和日本央行總裁黑田東彥曾推出「安黑政策」，利用低利率將大量資金導入市場，然而，市場卻不需要這筆資金，所以景氣非但沒有轉好，還導致這筆錢流往海外。

日本現在的首要之務，便是思考資金為何一味流入美國矽谷地區。找出原因後，再進一步籌措政策，設法吸引資金進駐日本。也因為這個原因，日本必須導入「矽谷風格」，關於這一點，我將在最後一章詳述。

圖0-6　創投資金變化圖

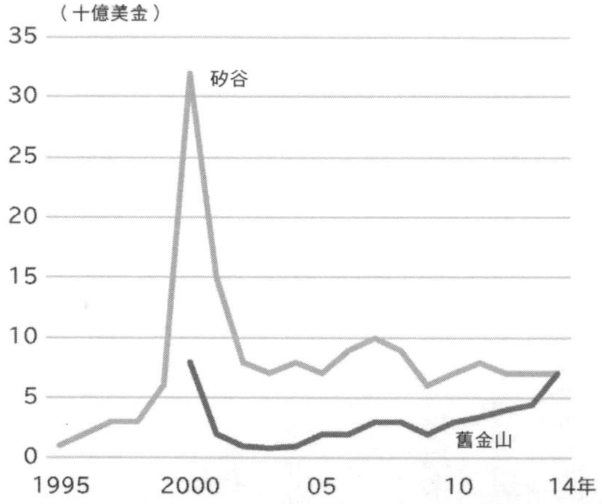

圖0-7　創投金額排行前三名企業

【矽谷】　（單位：百萬美金，二〇一四年第一～第三季）

名次	企業名稱	金額	創業年	事業內容
1	Pure Storage	225	2009	雲端資料儲存
2	Tango	200	2009	行動通訊應用軟體
3	帕蘭泰爾科技	165	2004	大數據分析

【舊金山】

名次	企業名稱	金額	創業年	事業內容
1	優步	1,200	2009	共乘
2	Dropbox	325	2007	雲端資料儲存
3	來福車	250	2012	共乘

舊金山長江後浪推前浪，已逐漸超越舊矽谷，成為新的資訊科技重鎮。

資料來源：法政大學〈Journal for Regional Policy Studies〉
©商業突破大學研究所

第一章

政治所引發的經濟危機

04 全球經濟最大顆的不定時炸彈

美國民眾支持川普，卻苦了自己

目前全球的動盪程度絕不亞於雷曼兄弟時期，我們來看看引發這場風暴的背景原因。

川普是目前全球經濟最大顆的不定時炸彈。

他主張「美國第一」(America First)，凡事以美國利益為最優先，導致美國再次重回十九世紀前半葉門羅主義（Monroe Doctrine）的懷抱。事實上這數百年來，美國一直重複走回孤立主義的老路，但令人匪夷所思的是，**為什麼在這全球化的時代，川普還要主張孤立主義呢？因為他只懂得操作房地產，對經濟完全不了解**。

川普是美國知名房地產大亨，換句話說，這三十年來他一心投入房地產事業，對其他產業一無所知，所以他不知道「全球化」已成為一件理所當然、稀鬆平常的事。約三十年前，美國汽車大亨李．艾科卡（Lee Iacocca）也曾發表過類似的國家主義狹隘言論，而川普無疑是重蹈他的覆轍。

艾科卡於一九七〇到一九九〇年代曾擔任福特和克萊斯勒（Chrysler）汽車公司的總裁、董事長、執行長等職務，傳聞他有意競選美國總統。在那個日美貿易失衡的時代，艾科卡曾主張：「日本是聰明狡詐的國家，剝奪了美國的就業機會，我們應該對他們設置貿易壁壘。」他表面上幫美國人「抱不平」，私底下卻向日本進口大量零件。由此可見，「孤立」與「利益」是互相牴觸的，川普所構思的孤立主義絕不可能實現。

圖1-1　從雷曼兄弟事件、英國脫歐到川普衝擊

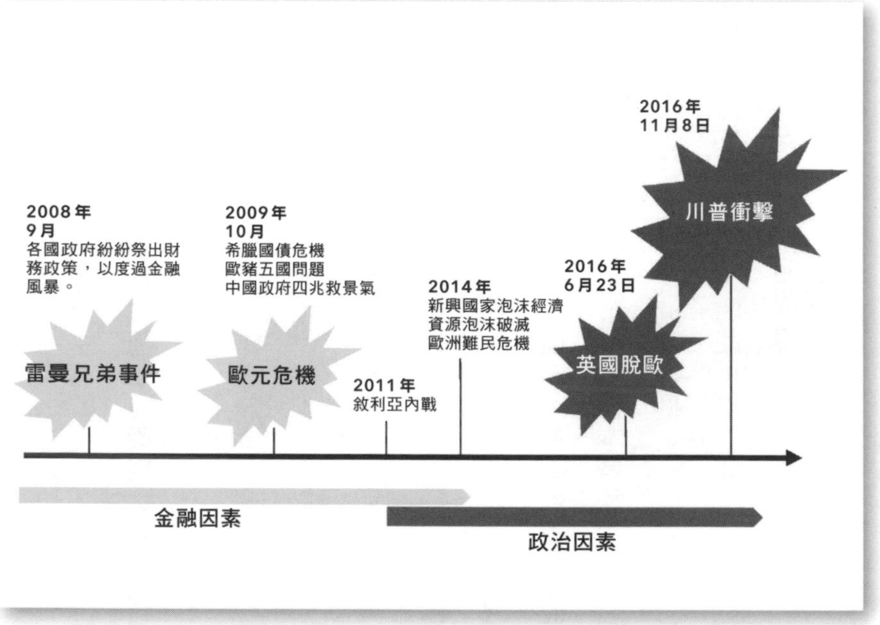

如今全球的動盪程度已超過雷曼兄弟時期，而經濟風險因素也從金融轉為政治，若未妥善處理，恐引發更嚴重的危機。

資料來源：綜合日經BP Mook〈世界經濟的新危機〉及其他資料
©商業突破大學研究所

05

雙面人民：全球主義和國家主義

一九八〇年代，美國前總統雷根（Ronald Reagan）掀起了一場「雷根革命」，藉由減稅、減少政府對經濟的調控與控制，從通訊、金融、運輸三方面著手，打造出沒有國境的世界。

我在一九八九年出版了一本書叫《無國界的世界》，書中提出了**「全球最佳經營模式」**的觀點。所謂的**「全球最佳經營模式」，是指企業向最物美價廉的國家購入原料，並雇用薪資最便宜的工人，在最適合的地方加工，再將商品銷售至價格較高的市場**。事實上，現在商界走的幾乎都是這個套路。

反觀川普，他的觀念還停留在艾科卡時代毫無長進，對二十一世紀的商業模式一無所知。不過，美國企業是基於全球最佳經營模式才有今天的繁榮，光憑川普就要擋住這股潮流，幾乎有如螳臂擋車。全球最佳經營模式有助於抑制物價，川普的支持者大多為所得較低的白人，這些人之所以足以用低薪維持生活，其實是受到全球最佳經營模式的庇蔭。雖然我覺得川普的政見大多不可能兌現，**但一旦真的執行了，美國將陷入通貨膨脹的危機之中，而首當其衝的族群，就是川普的支持者。**

這些人對川普鼎力支持，川普所推出的政策卻使他們受害——之所以會出現這樣的矛盾，都得歸咎於政治人物不諳經濟，而人民又無法看清這個事實。基本上，若人民知性不足，這樣的悲劇只會一再發生，沒有終止的一天。如今放眼世界，不只美國人缺乏知性，歐洲人、日本人也有這個問題。

「川普衝擊」的結局會是……？

川普所提出的二十八條競選政見，對全球而言無疑是一場災難。自正式上任後，川普便以總統的身分陸續簽署了各式文書，若真的如實推行，全世界恐將陷入一片混亂之中。

人民在投票時，一般都是選擇最為自國著想的候選人；然而在買東西時，卻又是以價格為優先考量，捨棄國產品，選擇物美價廉的進口品。也就是說，每個人民其實都是「雙面人」——**既是凡事以國內為主的「國家主義者」，又是「全球主義者」，渴望享受全球最佳經營模式所帶來的雨露恩澤。**

如果川普繼續推行逆全球化政策，物價肯定會持續飆升。人民選舉是向「錢」看，若再這樣下去，川普的支持率一定會一落千丈，進而為政權拉下終幕。

06

民粹主義付出的代價

你具有遠瞻十五年後的「知性」嗎？

如今全球吹起了一股民粹旋風。

「民粹主義」這種政治體制，非常重視一般大眾的願望以及不安不滿的情緒，並批判統治階層和知識分子所形成的菁英主義。

就「尊重民意」這一點而言，民粹是符合民主主義思想的。然而，現在的民粹主義已然變質，**為了收買人心而煽動、操縱人民的欲求不滿情緒，進而形**

成毫無方向、政策可言的暴民政治。

舉例來說，英國國民就是受到民粹主義者的煽動而選擇脫離歐盟。但英國人不知道的是，他們已踏上一條荊棘之路。我認為英國脫歐是一大錯誤，英國加入歐盟後吸引了許多外商進駐，就業機會因此大增，對經濟成長有很大的助益。脫歐等於主動放棄了這些優勢，讓煮熟的鴨子就這麼飛了，這一點我們將在第四章詳述。

再來看看希臘。希臘總理齊普拉斯木主張希臘不用還債，所以無須縮緊財務開支。然而才上任不過短短幾日，他就發現這條路是行不通的，因為歐盟各國讓他明白，希臘若不好好還錢，撐不了多久就會經濟垮台。

這些例子告訴我們，民粹主義是要付出代價的，這個代價就是「混亂」與「動盪」。即便如此，仍有許多國家不知道民粹主義的可怕，一步步往錯誤的方向前進。

我們活在一個暴風雨即將來臨的世界。若人民再不培養知性，這場混亂將會永無止盡。

各國元首的試金石：厲行艱難的經濟成長策略

法國前總統薩柯吉（Nicolas Sarkozy）認為，經濟一旦成長，就業機會就會增加，所以關鍵在於如何讓經濟有所起色。遺憾的是，法國人民對此並不買帳。執行經濟成長策略是有難度的，歐蘭德（François Hollande）以同樣政見在總統大選中擊敗了薩柯吉，卻因為政績慘淡，早早便宣布不參選連任。

一旦政府為了促進經濟成長而更改原本的規制，第一個受到衝擊的就是原本受政府保護的弱勢產業，導致大量勞工失業。有些產業則會因為規制更改而逐步成長，其孕育出的工作機會，之後就會吸收掉這些失業勞工。然而，整個過程需要十五年左右的時間，問題在於，有政治人物能夠遠瞻十五年後的未來，並背負這十五年的罵名嗎？人民願意支持這樣的元首嗎？

美國前總統雷根當初廢除某些規制後，全美失業率一度飆升至一〇%，待真正出現成果時，政權已移交到柯林頓（Bill Clinton）的手上。於是柯林頓坐享其成，沒特別做什麼，美國景氣便一片欣欣向榮。

英國前首相柴契爾夫人（Margaret Thatcher）也採取了開放政策，改革傳統規章。她的努力直到十五年後——布萊爾（Tony Blair）首相上台後才開花結果。在那之前，失業率曾惡化至一五%。

由此可見，一個國家經濟要成長非常困難，且第一步都得從「改革舊有規制」做起。

川普為求經濟成長，推出了「大幅減稅」和「增編巨額公共投資」兩個政策。投入稅金進行大規模的公共投資可立即見效，於第一時間做出經濟成果；但這些都是治標不治本，對未來並無助益。

日本的安倍首相也開設了「規制改革推進會議」，並揚言改革固有規制是安倍經濟學的核心工作。然而，他卻沒有做出什麼傲人的政績，只是一味用稅金亂槍打鳥。

重點還是在於「知性」。關鍵在於政治人物是否能為十五年後做出正確的打算；若真出現了這樣的政治人物，人民又能否理解他高瞻遠矚的苦心，用選票給予支持？總而言之，千萬別選那種欲利用公共投資刺激經濟成長的政客。

唯有知性，才能守護民主

任何國家都有可能陷入暴民政治，畢竟就連民主主義的發跡國家——希臘都逃不過民粹的魔掌。切記，**真正的民主得靠國民與媒體的知性來守護，國家要做到這一點只有三個做法：第一，教育；第二，教育；第三，還是教育。**

日本要如何守護民主、擺脫暴民政治呢？我們必須了解過去三十年來的世界情勢，並思考接下來要採取什麼樣的政策。要知道，若再這樣放任下去，日本很有可能發生通貨膨脹，人民的生活也將隨之陷入水深火熱之中。

值得慶幸的是，全球有將近二十個國家有近期範例可供我們參考，只要分析這些先例，即可削減預算維持財務平衡，以防重蹈他國覆轍。日本政府曾預計在二〇二〇年將財政基本收支轉虧為盈，然而，該目標如今卻已煙消雲散，沒有人再提起這件事。我們不能放任政府把行政當兒戲，也不能任由民粹主義予取予求。

媒體方面，日本記者每天繞著民粹主義者打轉，前陣子東京都知事——小池百合子占據了媒體各大版面，就是個很好的例子。小池百合子是個不折不扣的民粹主義分子，她主張免除私立高中學費，卻沒考慮到私立高中既非義務教育、又非公立學校，要用什麼名義免除學費？每每看到這種政治人物，我只想叫他們別拿人民的稅金買票。也因為這個原因，選民才更應該展現知性，保持清醒的頭腦。

為避免暴民政治，人民千萬不可有「凡事以我為先」（Me First）的心態。

在投票時，應注重整體利益，而非以自我得失為考量。重點不在於個人，而是整個群體。這種「為群體利益考量」的人必須超過半數，所謂的「民主主義」才能夠成立。唯有打造優質的公民教育，為人民培養高度的判斷能力與知性，才能夠達到這個目標。

因此，我們不能光給予十八歲以上的成年人選舉權，而是要教導人民如何當一個有責任感的社會人士、如何正確行使選舉權。比方說，我們可利用個案研究教導人民如何評鑑候選人，讓他們了解靠知名度選上的政治人物都幹了哪些「好事」，藉由過去的案例累積知性，培養判斷能力。

07

新聞只告訴你表象，自我思考才是王道

生於沒有正確答案的時代，你必須當個「特色人才」

「三支箭」、「安黑火箭砲」、「新三支箭」——安倍政權有如廣告公司一般，推出了五花八門的標語，然而，卻沒公布最重要的長期願景。

日本最大的問題在於教育。現行教育若不改革，根本無法培育出二十一世紀所需要的人才。照理來說，安倍首相應該向國民強調教育的重要性，並推行新的教育政策，然而，對此他卻隻字不提。

第二次世界大戰結束後，日本教育不斷教導人民如何記住「正確答案」，並將這些正確答案運用自如。這樣的人才在大量生產時代非常吃香，不但促進了全球化，還造就了日本的高度成長。然而，現在已是二十一世紀，在這個沒有正確答案的時代，商場需要的是專精於資訊數位科技的「特色人才」。因此，日本的教育也必須脫胎換骨，設法培育出有能力開拓新境地的學子。目前日本都是參照文部科學省（相當於台灣教育部）所頒布的教學指導大綱辦學，若不從根本進行改革，根本無法培育出新世紀人才。

後川普時代：企業、個人該何去何從？

身處這個動盪不安的時代，我們該如何存活呢？當務之急便是認清眼前的狀況。要知道，**新聞說的可能只是表象，我們不應囫圇吞棗，而是要經過一番融會貫通後，預測今後金融界可能會發生什麼事，才構思該採取何種對策。**

川普就任總統後，**全球正式進入「後川普時代」（After Trump），可想而知，今後世界的發展將顛覆你我想像。**若川普再繼續推行「逆全球化」，今後的商務主線可能將從「全球最佳經營模式」改為「市場各自立足模式」。前者是「用最便宜的原料和最便宜的人事費用，在最便宜優質的地區加工，再將商品賣到高價市場」，後者則是「在主要市場進行生產調度」。「市場各自立足模式」需要相當精細的科技，利用物聯網、位置資訊、人工智慧來進行遠距自動化，如何運用、操縱這些技術也變得格外重要。

不過，我認為川普政權應該無法維持太久，「全球最佳經營模式」不會輕易走入歷史，很快就會再度成為主流。建議各位在引進「市場各自立足模式」的同時，還必須進一步優化「全球最佳經營模式」。為了達到這個目標，如何活用人才，並運用物聯網、位置情報、人工智慧等技術開創事業，便成了關鍵趨勢。

08

沒有知性，就沒有民主

日本最後一位富有知性的政治家

目前全球為民粹主義和暴民政治所拖累，然而船到橋頭自然直，目前也只能順應天命了。

為了改善這樣的情形，至今我全心投入啟蒙運動，但最後我發現，唯有選出一位具有知性的領袖，才足以改變現狀。

我曾擔任馬來西亞首相馬哈迪（Mahathir bin Mohamad）和台灣前總統李

登輝的顧問，他們都是極具知性、高瞻遠矚的政治家。若沒有這樣的人一馬當先領導眾人，根本就無法執行真正的民主。

日本上一位「知性政治家」是前首相中曾根康弘。他深謀遠慮、足智多謀，致力為日本建構跟美國對等的夥伴關係。他經常向我諮詢意見，還會觀賞我在美國的演講，觀察我如何向美國人傳達自己的想法。

每次與中曾根先生見面，他總是問我一大堆問題，向我講述他心中理想的日本是什麼模樣、要如何與美國達成對等關係等想法。我不斷在當今政壇中尋找像中曾根先生一樣運籌帷幄的人，可惜毫無所獲。相反地，對美國俯首稱臣、對中韓兩國採取高傲態度的政客卻不少，令人不勝唏噓。

如果今天是大前我主事，我會怎麼做呢？就我來看，光有想法卻無人可用是不行的。若無有才之人付諸實行，有再多想法也僅是空談罷了。我為中曾根先生付出了無數時間，並在議會選舉時幫他出奇制勝，拿下史上最漂亮的選戰。我之所以願意幫助中曾根先生，是因為他極富知性，且擁有實踐的力量，而非光說不做之人。安倍首相前陣子因為任期超過中曾根先生而躍上媒體版面，就我看來，只看任期長短根本沒有意義。

中曾根先生除了致力於改善日美關係，還冒著生命危險推動國家鐵路和電信民營化。那是一場嚴峻而冗長的苦戰，期間甚至傳言有人要對中曾根先生不利。在他的努力下，日本JR集團旗下的四家公司都轉虧為盈，其中還包含九州。以前每到春天，鐵道公司員工就會發動罷工，推動民營化後，他們開始以客為尊。除此之外，中曾根先生還開始增建車站裡外的商業設施，並推出Suica儲值卡和電子商務系統。我個人很常到羅多倫咖啡（Doutor Coffee）喝咖啡，我們之所以能在該店用Suica卡結帳，都得歸功於中曾根先生的改革。

安倍首相推出的「一黨獨大政治」聽起來鏗鏘有力，實則缺乏長期觀點，也看不出他的理想。相反地，他對「短期事務」倒是相當積極，像是如何遷就美國、如何跟川普相處等等。種種作為實在讓人懷疑，他對日本將來到底有無明確願景，又打算跟俄、韓、中等鄰國建立什麼樣的關係？

一味親美只會破壞跟俄、韓、中的關係。如今日本應開始規劃五年、十年後的外交計畫，光到珍珠港進行「下跪型外交」，並無法改善與鄰國的關係。普丁訪日時日本還得顧及美國的感受，以致無法好好跟俄羅斯交流溝通。

想要拯救世界別無他法，唯有依靠「知性政治家」，以及耳清目明的「知性選民」。

以才生「財」

如今種種亂象導致世界經濟動盪不安，在這樣的情況下，我們必須死守市場，看清經濟情勢，並祭出符合時代需要的經營方法。

要如何做到這一點呢？運用前述的物聯網、位置資訊、人工智慧等科技。此外，你必須成為一家強韌的公司，保證這些科技對你有益無害，並設計出一套專門的教育體制，為二十一世紀培育專業人才。

要在數位時代大展長才只有一個方法，那就是磨鍊自我能力。身為商業突破大學研究所校長，我常告訴學生：「這個世界上沒有比公司更好的地方了。」去公司就有薪水可領，每天還幫我們消耗四成的時間，如果每天準時下班，還可自我進修到晚上十一點。即便沒有加薪升職的機會，只要你善用多餘的時間，還是可以精進自我能力。不僅如此，還能自由運用週末時間。

在日本經濟高度成長時期，上班族下班後大多是跟同事去聚餐喝酒，吃飽喝足後就回家看電視。如今時代不同了，如果你還在用這樣的方式生活，小心最後怎麼輸的都不知道。

建議各位應積極精進自我，創立副業，又或是在退休後繼續賺錢。

身在「後川普時代」，我們該如何求生？企業該祭出哪些政策？個人又該具備哪些觀念呢？下一章見分曉。

第二章

G0 世界，今後全球經濟將何去何從？

09

先進國家依舊低成長，亞洲新興國家屹立不搖

川普上任後，世界從「前川普時代」走入「後川普時代」，不難想見，世界經濟將出現非常大的變化。為了幫助各位認清現狀，本章一開始要先帶大家回顧「前川普時代」的全球經濟。

二〇一五年到二〇一六年之間，全球經濟成長出現鈍化現象。

就各國來看，全球平均GDP成長率超過三％，日本卻只有〇．五％，遠遠低於全球平均值。亞洲開發中國家和東協國家成長率都高於全球平均，其中又以菲律賓最高，超過五％。

圖2-1　主要國家地區的GDP（國內生產毛額）成長率

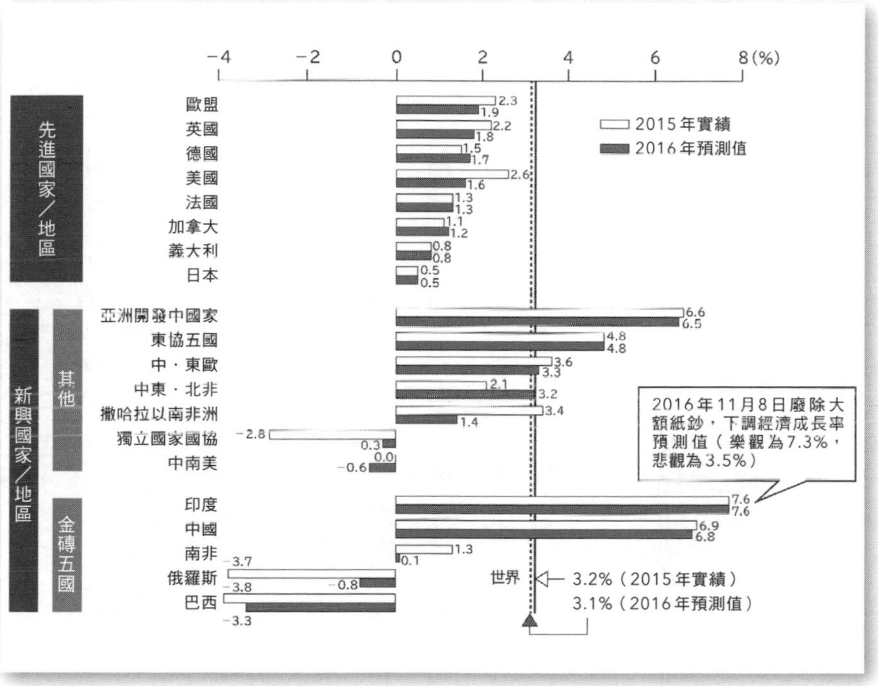

亞洲新興國家屹立不搖，先進國家依舊低成長，俄羅斯、獨立國家國協、中南美則萎靡不振。

資料來源：國際貨幣基金組織（International Monetary Fund，IMF）
《World Economic Outlook Database October 2016》
©商業突破大學研究所

獨立國家國協會員國和中南美國家、俄羅斯、巴西則呈現負成長。中國有六%，印度則有七%，但因為中國提供的數據可信度較低，實際上應該只有三%左右。

印度在二〇一六上半年勢如破竹，經濟成長率本為世界第一。然而，下半年莫迪（Narendra Modi）總理為打擊黑金和逃漏稅而廢除大額紙鈔，導致印度經濟活動急踩煞車。我每天早上都會收看印度的電視節目，這個政策當時鬧得滿城風雨，五十台提款機只有一台能用；排隊排三個小時好不容易輪到自己領錢，卻發現提款機裡的鈔票已被前面的人領光；消費者沒錢買東西，店家也沒錢找客人。到了二〇一六年年底，印度的GDP跌了至少三〇%，只剩下三%到三．五%的成長率。

照理來說，莫迪總理的政策應該會引發民間暴動。然而，這個政策卻廣受印度國民歡迎，不少民眾都認為，莫迪總理此舉是為了土豪惡霸將囤積的家財如數吐出。

圖2-2　今後全球經濟動向預測

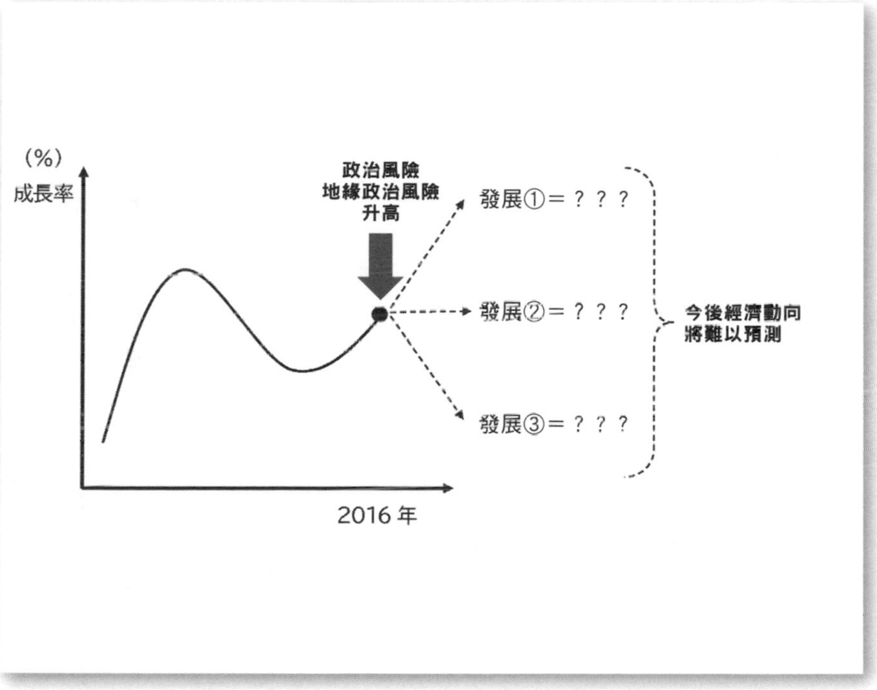

隨著政治、地緣政治風險升高，今後將進入經濟動向變化莫測的時代。

資料來源：商業突破大學研究所

川普上任後，股市泡沫也曾不斷膨脹。我們不可忽視川普政策對全球所帶來的衝擊，今後全球經濟將變化莫測。

10

國家主義與經濟發展的矛盾與衝突

G0與全球化

今非昔比，今後有哪些政治因素可能影響全球經濟呢？

首先我們來看看過往世界型態與價值觀的變化。美蘇冷戰時代，世界被分為彼此針鋒相對的美國陣營和蘇聯陣營。冷戰結束後，世界進入美國獨大時代（G1），原本有人預言美國將獨霸全球五十年，令人意外的是，美國的霸權只維持不到十年。

美國政治學家布雷默（Ian Bremmer）於二〇一一年指出，今後全球將進入**「G0時代」**，也就是世界缺乏獨大霸權的狀態。G7的「七大先進國家」（美國、加拿大、英國、法國、德國、義大利、日本）失去領導機能，包含新興國家的G20也毫無作用，國際社會將群龍無首。

在全球化的進展下，人力、物資、金錢開始「跨國自由行」，形成沒有國境的世界。其中，美國前總統雷根推行的「雷根革命」發揮了關鍵性的作用，他減少政府對通訊、金融、運輸的控制，大幅提升通訊交流、金融系統、交通網絡的技術，形成企業百家爭鳴的盛況。

「無軸心世界」的後遺症：國家主義與逆全球化

進入「G0時代」後各國群龍無首，再加上全球化所造成的「無國界現象」，導致國家的體制結構開始崩解。

隨著價值觀愈來愈多樣化，資本主義陣營、共產主義陣營、第三世界勢力也逐漸解體，各國因為無所依靠，做事愈來愈趨向保守，進而尋求國家主義的庇護。

伊拉克和敘利亞為何會成為伊斯蘭國的大本營？始作俑者便是布希（George Bush）和歐巴馬這兩位美國前總統。遜尼派之所以會出現伊斯蘭國這個激進組織，可說是美國和其盟友沙烏地阿拉伯一手造成。

布希除掉遜尼派獨裁者海珊（Saddam Hussein）後，伊拉克陷入一片兵荒馬亂。歐巴馬又在此時撤軍伊拉克，導致伊斯蘭國有機可乘，先在敘利亞展開反政府行動，後攻入伊拉克，在各地引發內戰。為躲避戰亂，大批敘利亞和伊拉克人民逃出祖國，成為流離失所的難民。

然而，美國卻不肯讓這兩百萬難民入境，許多歐洲國家也對這些難民非常反感，認為他們剝奪了自家國民的工作機會。

如今世界價值觀的新潮流是什麼呢？一言以蔽之就是「逆全球化」。

反全球化的聲勢日漸高漲，德國總理梅克爾為全球化的擁護者，她開啟德國大門接收難民，卻遭到各路撻伐。右翼勢力抬頭，民粹主義者刻意煽動人民情緒，高喊「還我工作」。現在的政治人物對經濟實況一無所知，也沒有領頭人帶他們了解全球化的好處。

在這樣的情況下，人民受到民粹主義煽動，右翼勢力便會愈發漲大。這股「新潮流」其實充滿了矛盾。若放任民粹鼓吹人民凡事以自國為優先，繼續對抗全球化，**總有一天會導致國家財政疲乏，飽受通貨膨脹之苦。**

圖2-3　世界型態與價值觀的變化過程

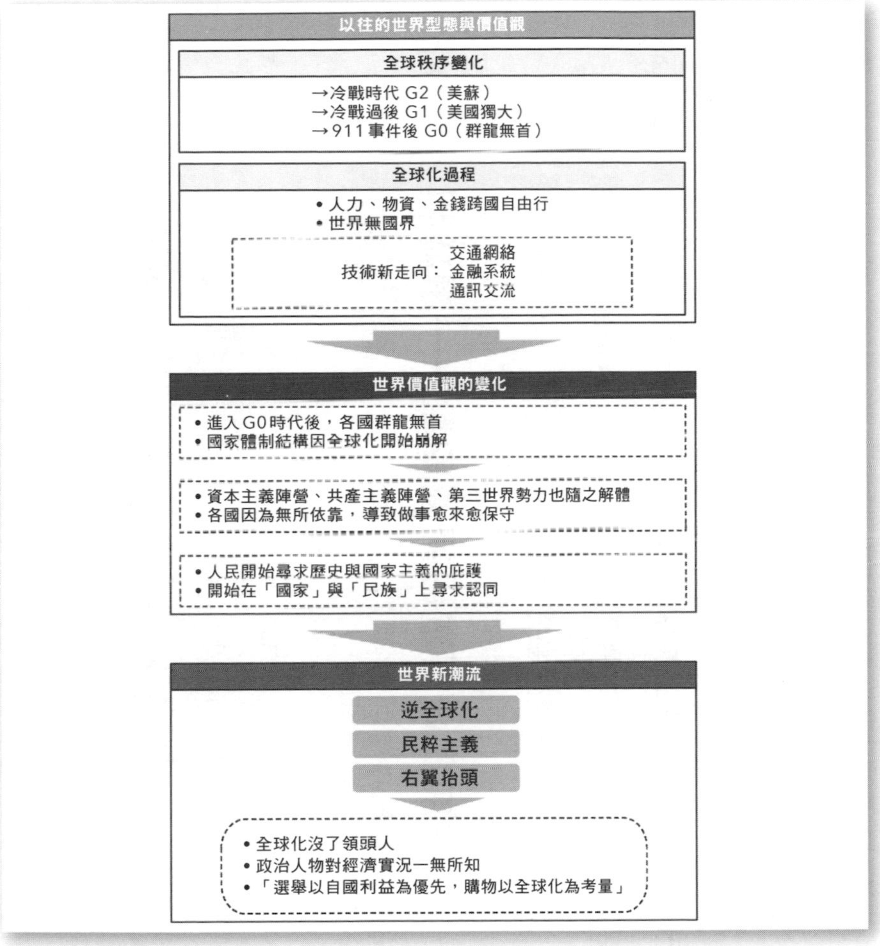
以往的世界型態與價值觀
全球秩序變化
→冷戰時代 G2（美蘇）
→冷戰過後 G1（美國獨大）
→911 事件後 G0（群龍無首）
全球化過程
• 人力、物資、金錢跨國自由行
• 世界無國界
技術新走向：
交通網絡
金融系統
通訊交流
世界價值觀的變化
• 進入G0時代後，各國群龍無首
• 國家體制結構因全球化開始崩解
• 資本主義陣營、共產主義陣營、第三世界勢力也隨之解體
• 各國因為無所依靠，導致做事愈來愈保守
• 人民開始尋求歷史與國家主義的庇護
• 開始在「國家」與「民族」上尋求認同
世界新潮流
逆全球化
民粹主義
右翼抬頭
• 全球化沒了領頭人
• 政治人物對經濟實況一無所知
• 「選舉以自國利益為優先，購物以全球化為考量」

G7失去領導機能，G20也毫無作用，國際間進入「G0社會」。全球掀起一股「逆全球化」和「國家主義」的浪潮。

資料來源：本圖係依據大前研一《全球趨勢洞察》一書內容所製
© 商業突破大學研究所

11 現今世上的獨裁者與民粹勢力

土耳其、菲律賓——新興國家的獨裁者與民粹

隨著民粹主義盛行、右翼勢力抬頭，許多獨裁者也趁勢崛起。

川普是商場上的獨裁者，雖說美國總統很難走上獨裁之路，但他在共和黨黨內選舉時，卻展現出推土機般的魄力，彷彿要將中央政府衝破似的，最後拿下選戰。

我以前非常欣賞土耳其總統艾爾多安，然而現在他已成為一名不折不扣的

獨裁者。

土耳其國父兼第一任總統凱末爾（Mustafa Kemal Atatürk）倡導世俗主義，以政教分離為原則治國。二〇〇三年，艾爾多安以壓倒性的支持率選上總理，他重新規劃貨幣面額，制定更健全的財政系統，成功控制住通貨膨脹，並透過改革結構吸引世界各國企業到土耳其投資，幫助土耳其從金融危機中東山再起。然而，原本無懈可擊的艾爾多安，在第三屆任期時突然開始以威權治國，嚴格管制言論，並推行帶有強烈伊斯蘭色彩的激進政策。有人對他發起了政變卻被壓制下來，自此他在土耳其境內便所向無敵，無人與之抗衡。如今，他已修改土耳其憲法，成為獨攬三權於一身的總統，連任兩屆，繼續統治土耳其十年。

大多土耳其人原本都非常樂意加入歐盟，但在艾爾多安總統的領導之下，有七成國民由支持轉為反對，整個國家往右翼發展。

至於北韓金正恩政權，我認為應該持續不了多久。像這種不斷肅清親信的強權領導人，相信有很多人都想對他不利，無論他是親自按下核武按鈕，還是

圖2-4　主要國家、地區的獨裁者

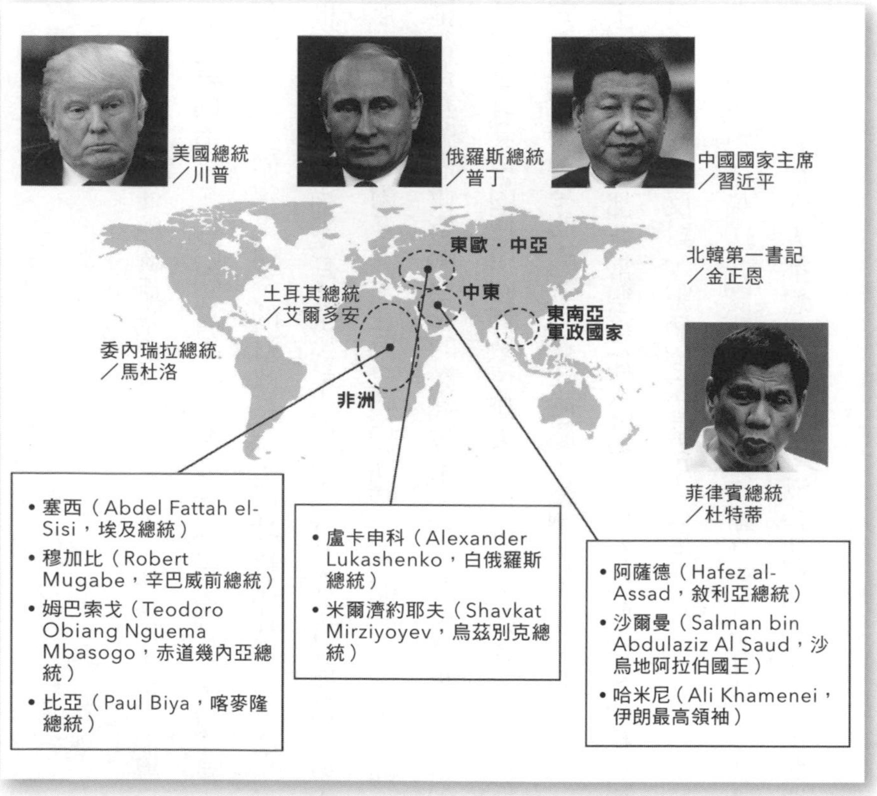

世界各國獨裁者崛起。

資料來源：本圖係綜合小學館《SAPIO 2017/1》與其他資料所製
©商業突破大學研究所
照片來源：德新社、法新社

向首爾發射飛彈，應該都很難活到成功交接第四代政權。

菲律賓總統杜特蒂經常因為「語出驚人」而躍上媒體版面，但令人意外的是，他相當受到菲國人民愛戴。他將中美兩國放在外交天秤上衡量，若他繼續採取這種兒戲的態度，最後很有可能落得兩頭空。至於要親中還是親美，杜特蒂似乎還在觀望，他表示自己不會跟川普吵架，也不會跟中國起爭執。

其他像是委內瑞拉的馬杜洛（Nicolás Maduro）、白俄羅斯、烏茲別克、埃及、辛巴威的總統都是獨裁者。

至於日本的安倍首相，他說不上是獨裁，但他長期執政，又是「一黨獨大」，身邊的競爭者都對他畏懼三分。就這點而言，他是很有條件獨裁的。

義大利、荷蘭——民粹主義者利用人民的不滿情緒換取選票

歐洲目前盛行民粹主義，再加上反移民浪潮導致極右派得勢，右傾的狀況

日益嚴重。

世界各國都有搞不清楚狀況的政治人物，以及智慧未開的民眾。有些政治人物為了騙取選票，巧妙利用民眾心中不滿的情緒，只能說這些人絕非善類。

第一位民粹領袖是誰呢？答案是希臘總理齊普拉斯。

齊普拉斯靠著「希臘不用還錢給歐盟」、「拒絕歐盟的不合理要求」等主張當選總理。然而歐盟對此可不買帳，他們威脅希臘若不肯還錢，明天就會立刻讓希臘破產。發出警告後第三天，歐盟答應減免希臘三成債務，齊普拉斯便簽下合約，允諾裁掉三分之二的公務員。希臘人得知這個消息後相當失望，這時他們才恍然大悟，發現根本躲不掉這筆債務。

希臘一旦破產，就會遭到歐盟除籍。這麼一來，他們就無法使用歐元，必須用回以前的德拉克馬（Drachma）。屆時全世界包括希臘人一定都不肯承認、使用這個舊貨幣，導致德拉克馬淪為廢紙，進而變得更依賴歐元。齊普拉斯早就預測到這樣的結局，所以才願意退讓，在歐盟面前乖得像隻小貓。

圖2-5　歐洲興起的極右派和民粹勢力

英國
• 英國獨立黨
• 12.6%（2015年英國國會下議院大選）
• 當時黨魁為奈傑爾．法拉吉
荷蘭
• 自由黨
• 12%（2015年5月26日國會一院選舉：席數比例）
• 黨魁為基爾特．威爾德斯
德國
• 德國另類選擇
• 14.2%（2016年9月18日柏林邦議會選舉）
• 當時黨魁為弗勞克．派翠
法國
• 民族陣線
• 28%（2015年12月6日法國地方議會選舉第一輪投票）
• 黨魁馬琳．勒朋總統大選雖然吞敗，卻成功進入第二輪投票
奧地利
• 奧地利自由黨
• 49.7%（2016年5月22日總統決選）
• 當時黨魁為諾伯特．霍費爾
民粹主義的背景
• 社會階層差距擴大
• 移民問題
• 反全球化
• 經濟低成長
義大利
• 五星運動
• 21.2%（2014年歐洲議會選舉）
• 創黨人為貝柏．葛里洛
希臘
• 激進左翼聯盟（SYRIZA）
• 35.5%（2015年9月20日希臘議會大選）
• 黨魁為亞雷克斯．齊普拉斯
註：數字為各政黨在該選舉中的得票率或席占率

歐洲因民粹主義、反移民等浪潮，導致極右派興起，國家右傾，政治風險高漲。

資料來源：本圖係依據多篇新聞報導所製
©商業突破大學研究所
照片來源：德新社、法新社

如今齊普拉斯在國內人氣直落——這就是民粹主義者的下場。這些民粹政治人物宣稱不用減少財務開支、跟外國借錢不用還，卻都只是空談，最終還是得乖乖進行財政改革。

義大利「五星運動」的創黨人貝柏．葛里洛（Beppe Grillo）主張舉辦脫歐公投，在選戰中成為國會最大單一政黨。

德國「德國另類選擇」前黨魁弗勞克．派翠（Frauke Petry）成功擴張政治勢力，贏得地方選舉。該黨主張德國應視需要調整接收的移民人數，並優先維護德國勞工權益。

荷蘭的極右派「自由黨」黨魁基爾特．威爾德斯（Geert Wilders）則輸掉了選戰。他因主張排斥伊斯蘭移民、煽動民族情緒而受到強烈批評，日前因歧視言論而被判有罪。

英國獨立黨前黨魁奈傑爾．法拉吉（Nigel Farage）長期主張英國脫歐，辭去黨魁職務後，川普積極招攬他當自己的外交顧問。

問題比較大的是法國。

前法國總統薩柯吉在和歐蘭德角逐總統之位時，主張應重新分配預算，他認為不應用錢來增加就業機會，重點在於經濟成長政策，只要經濟有起色，就業機會也會隨之增加。然而，法國人民卻不了解薩柯吉的苦心，最終由社會主義者歐蘭德勝出。

二〇一七年五月的總統大選因歐蘭德毫無勝算，社會黨派出瓦爾斯（Manuel Valls）參選，卻連預選都沒過。右派參選人費雍（François Fillon）在薩柯吉當政時曾擔任五年總理，他表面上沒什麼問題，卻被虛設國會職位等醜聞纏身，因而輸掉選戰。

最後角逐法國總統大位的是馬克宏（Emmanuel Macron）和馬琳・勒朋（Marine Le Pen）。馬克宏相當受到中立選民的支持；勒朋則公開表態支持川普，她若當選總統，法國可能也會陷入「脫歐危機」之中，不過最後是由歐盟派的馬克宏勝出。

民粹主義者光說不練，終以失敗收場

川普為什麼會當選呢？其中一個原因是移民問題、抗全球化風潮，以及經濟低成長，導致美國社會貧富不均問題日益嚴重。

然而，過往的各種案例告訴我們，民粹主義者的「政見」根本就無法實行。看看希臘總理齊普拉斯的淒慘下場，不難想像，英國和美國也會走上希臘的後塵。

這些人靠著煽動民眾情緒贏得選戰，卻毫無政績，根本不配稱為政治家。總有一天，人民會發現自己其實選出了一副「空皮囊」。一旦川普總統和梅伊（Theresa May）首相垮台，民粹主義大概也沒戲唱了。

二〇一七年，不少歐洲主要國家都舉行了國政選舉，若民粹政黨當選，歐盟可能很快就四分五裂。

二〇一六年的兩場國政選舉——義大利修憲公投和奧地利總統大選，前者

圖2-6　歐洲主要國政選舉

2016年	12月	■義大利修憲公投： 反對票占多數，總理倫齊因此辭職。 ■奧地利總統大選： 「綠黨」前黨魁、親歐派范德貝倫與極右派「自由黨」諾伯特．霍費爾角逐總統大位，最後由范德貝倫勝出。
2017年	3月	■荷蘭議會選舉（二院，即眾議院）： 極右派政黨遇到瓶頸。
	4、5月	■法國總統大選： 極右派「民族陣線」勒朋敗選，馬克宏勝利。
	6月	■法國國會選舉（眾議院）
	8~12月	■德國聯邦議會選舉（眾議院）

圖2-7　選舉結果可能引發的風險

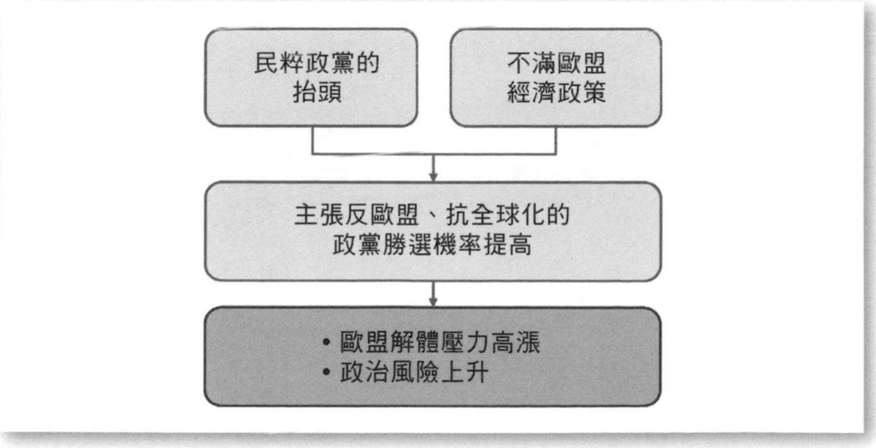

不少歐洲主要國家即將面臨國政選舉，若民粹政黨當選，歐盟可能很快就四分五裂。

資料來源：各方報導資料
©商業突破大學研究所

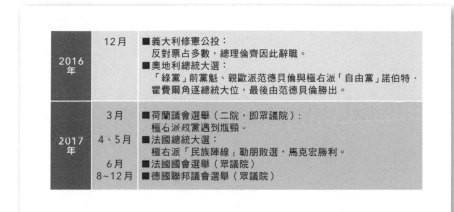

修憲派慘敗，總理倫齊（Matteo Renzi）因此辭職；後者由「綠黨」前黨魁、親歐派范德貝倫（Alexander Van der Bellen）勝出，算是令人振奮的消息。

二〇一七年則輪到荷蘭、法國、德國選戰開打。

德國總理梅克爾是歐洲絕無僅有的鎮定劑。然而，如今梅克爾卻被逼到絕境，甚至說出「這兩年我或許做錯了決定」這種喪氣話。當初梅克爾大概沒想到，德國人民會對她不滿至此吧。

總之，請各位務必「緊盯」民粹政黨的經濟政策。

第三章

美國真的在走下坡嗎？

12

美國已淪為「美利堅分眾國」？

到底是哪些人在支持川普？

在了解美國這個國家之前，你必須先知道到底是哪些人將選票投給川普。

圖3-1是川普的得票狀況。就人種來看，支持希拉蕊（Hillary Clinton）的有黑人男女、拉丁男女、伊斯蘭派以及亞裔人士；川普的支持者則大多為白人男性。一般而言，政治人物通常都會廣泛拉攏左右翼人士，我從來沒看過「針對性」這麼強的候選人。

圖3-1　川普陣營得票狀況

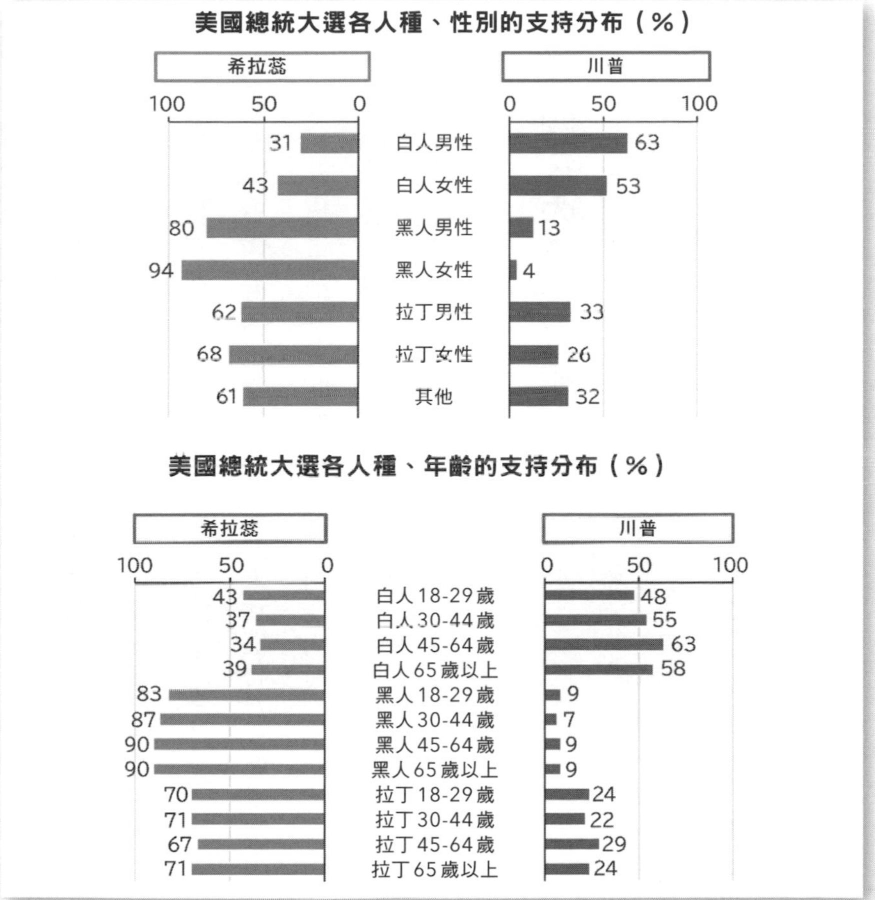

川普陣營排他且訴求力強，川普因主張排除非中產階層、白人男性以外的族群而坐上美國總統寶座。

資料：CNN Politics

川普陣營還有一個相當特別的地方，那就是他們完全沒有意思要拉攏女性選民。他曾說：「只要有錢有勢，女人什麼都肯幫你做。」這段話本應鬧得滿城風雨，民眾卻沒有太大的反應。為什麼呢？因為美國女性對希拉蕊非常反感，覺得希拉蕊很做作。也因為這個原因，白人女性有五三%支持川普。當時媒體抓到這條新聞後洋洋得意，開始大肆批評川普失言，然而，這些女性支持者對川普的這番話似乎並不在意，一副「這有什麼好大驚小怪的，反正我老公一天到晚也把這種話掛在嘴邊」的態度。

沿岸合眾國vs.內陸合眾國

川普當選後，我在一份知名報紙上寫了一篇名為**〈美利堅分眾國〉（Divided States of America）的文章**，之後《時代》（*Time*）雜誌也沿用了這個詞。

所謂的「美利堅分眾國」，是指現今美國已一分為二——**「沿岸合眾國」（United States of Coast）和「內陸合眾國」（United States of Inland）**。這兩個地區狀況有如天壤之別，在這次總統選戰中「兩國」分庭抗禮，「沿岸合眾國」支持希拉蕊，「內陸合眾國」則支持川普。

「內陸合眾國」的範圍以鐵鏽地帶（Rust Belt，由美國中西部到東北部的工業衰退地帶）為起點，一直延伸到洛磯山脈以東的南部地區。該區居民多以農業、重工業等傳統產業維生，平均年收約在五萬美金以下。

「沿岸合眾國」在雷根革命後，金融、通訊、運輸變得相當發達。東海岸的波士頓、紐約是世界金融龍頭地區，西海岸的舊金山、灣區、西雅圖則發展為資訊及通訊科技的重鎮。「沿岸合眾國」的平均年收多超過十五萬美金，是「內陸合眾國」的整整三倍。

《時代》雜誌說川普是「First President of The Divided States of America」，也就是「美利堅分眾國」的第一任總統，並希望他自己承擔分裂美國的責任。

圖3-2　「沿岸合眾國」vs.「內陸合眾國」

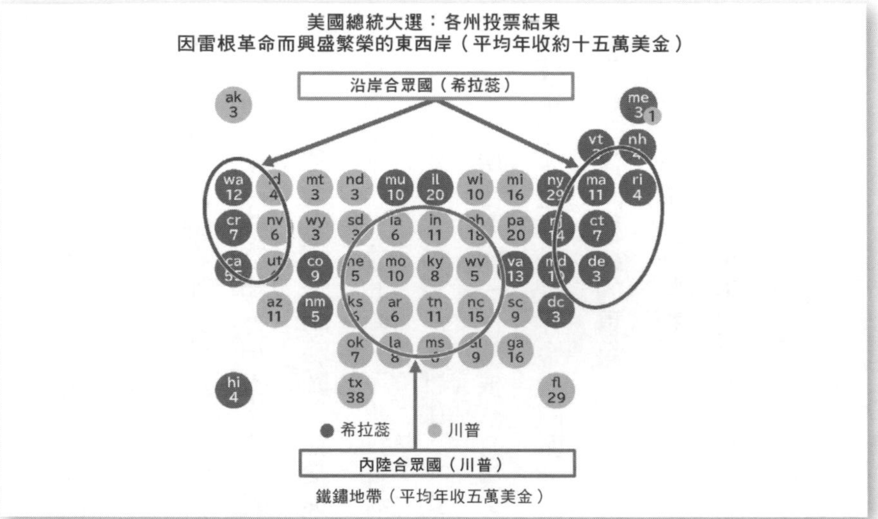

圖3-3　「美國未來世代」vs.「美國舊世代」

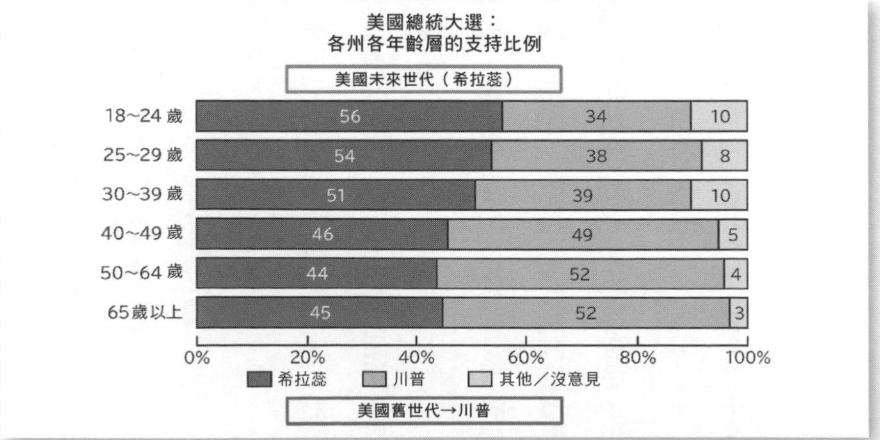

▌ 美國分裂狀況相當嚴重，成為名符其實的「美利堅分眾國」。

資料來源：CNN Politics
©商業突破大學研究所

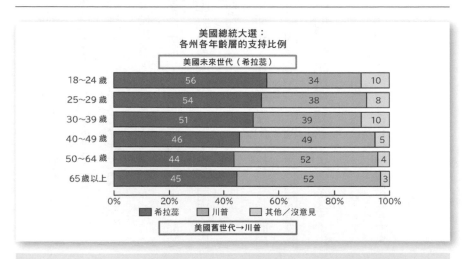

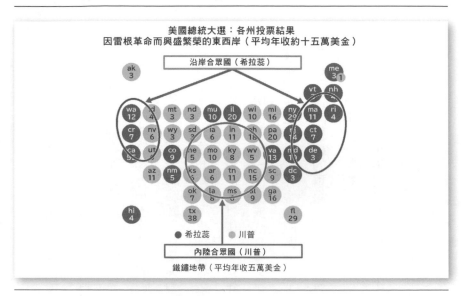

美國的「未來世代」——十八歲到二十四歲的選民絕大多數都支持希拉蕊，然而，最終還是由舊世代所擁戴的川普獲得勝利。

事實上，希拉蕊的普選票數比川普多上兩百萬票，在美國歷史上的得票數僅次於歐巴馬競選連任。那麼她為何會「高票敗選」呢？很多人認為問題出在選舉制度。但川普不這麼認為，看來，這個制度短期內是不會更動了。

13 在商言商的治國策略

川普的「棒球式外交」

接下來，我們來統整一下川普的「想法」。

川普的外交顛覆了美國的舊有模式，他的外交方式一言以蔽之，**就是「在商言商」**。川普上任前，美國因知道自己國力強盛，所以在外交上打的是「讓步賽」，用運動來比喻的話，就是「高爾夫式外交」。

第二次世界大戰結束後，美國給予日本各式各樣的援助。要我說的話，一開始美國先讓日本三十六分，現在則是八分，對菲律賓則放水二十五分。也因為美國願意放軟身段，才能在冷戰時期交到這麼多盟友。

然而，川普的外交打的不是高爾夫，而是棒球。相信大家都知道，棒球、足球跟商場一樣是用實力說話，強者為王，並沒有「讓步」的概念。

川普經常把「交易」（deal）這個詞掛在嘴邊。舉例來說，他曾對古巴說：「美國不會和古巴恢復邦交，想恢復邦交就提出夠好的條件跟我交易。」也曾對中國說：「現在這樣我無法接受，你如果沒提出夠好的條件跟我交易，我就要跟台灣互動。」

川普對於經濟的見解也很「特別」。

他做什麼決策都以「美國勞工最優秀」為前提，罔顧美國勞工的競爭力，用關稅等政策保護勞工。為了贏過競爭對手，他將對中國的關稅提升至四五％，墨西哥提升至三五％，不僅如此，還簽署行政命令要在美墨邊境築起「萬里長城」，而且費用由墨西哥出。

前人種樹，川普砍樹

川普打算大幅削減社會保障成本。

他認為天然氣、石油等資源是美國的優勢，所以非常重視這些化石燃料。他把《巴黎氣候協定》當耳邊風，宣稱：「二氧化碳問題是高爾（Al Gore，柯林頓執政時期的副總統）製造出來的騙局，跟全球暖化無關。」美國石油大亨哈姆（Harold Hamm）就是川普的支持者，他是美國大型石油生產公司——大陸資源公司（Continental Resources）的執行長，有「能源先生」之稱。因大陸資源的石油事業陷入困境，哈姆一直希望能夠修建石油管線——在這件事上，我們也能看到川普的「交易」。

除此之外，他還廢除了「歐巴馬健保」（Obamacare）——患者保護與平價醫療法案（Patient Protection and Affordable Care Act），並成立替代方案。不過，該議案已於二〇一七年三月撤回。若真廢除歐巴馬健保，將有三千萬人會因此權益受損。如果早公布這個數字，川普還會有這麼多支持者嗎？

表面上為民著想，實際上造福富人

川普的二十八條政見當中，其實**隱藏著造福華爾街、優遇富人的「佐料」**。也就是說，川普本身會因此大幅受益。

為避免雷曼兄弟事件再度上演，美國推行了《陶德—法蘭克法案》（*Dodd-Frank Act*）這個監管銀行的法案。川普上任後廢除了該法案，銀行股價因此開漲。他還削減個人最高所得稅率、將營利事業所得稅率從三五％調降至一五％，並廢除遺產稅——試想，川普家族聽到這個消息，會有多高興啊！選舉時川普大力強調其他政見，所以媒體較少提到這幾點。也因為這些條例本就寫在川普的政見中，又不能說川普失信。這就是川普當選後股市大漲的原因。

圖3-4　川普到底在想什麼？

外交	**以往的美國** • 高爾夫式外交 （讓步賽） ↓ **川普的想法** • 棒球、足球式外交 （無讓步概念，跟商場一樣強者為王）
經濟	**以往的美國** • 強還要更強，開放市場引進弱勢商品 （→提升所得並壓低日常消費） ↓ **川普的想法** • 罔顧勞工競爭力，以關稅保護勞工，藉此創造就業機會 （→終引發通貨膨脹）
社會成本	**川普的想法** • 降低社會成本 －重視化石燃料 －退出《巴黎氣候協定》 －廢除歐巴馬健保 • 政見中隱藏了造福華爾街、優遇富人的「佐料」 －廢除《陶德－法蘭克法案》（雷曼兄弟事件後的銀行監管法） －降低個人最高所得稅率 －廢除遺產稅

川普以在商言商的方式治國，他不學無術，對政治、外交一無所知。

資料來源：大前研一

14 從就業到稅制的難題

「窮苦白人」的失業問題

就我看來，川普的二十八項政見中，有不少都是「看到黑影就開槍」。

比方說，他以為中國有參加《跨太平洋戰略經濟夥伴關係協定》，所以主張美國要退出該協定。雖然中途發現自己搞錯了，卻因為槍已上膛不得不發，只得簽署行政命令。由此可見，他在外交和經濟上根本沒做好功課。

頻頻失言、愛吵架、在商言商——這樣的人怎麼能當一個好總統呢？接下來我要帶大家看看他的想法到底有哪些錯誤，又因此而產生哪些影響。

川普認為，美國企業將生產重心移往海外，減少了美國的就業機會，導致失業人口大增——這個想法本身有兩個錯誤。

第一，**美國失業人口並不多**。

美國失業率還不到五%，很多老闆都苦於找不到人手。

川普的主要支持者是美國的低所得白人，也就是所謂的「窮苦白人」（Poor White）。美國內陸的「鐵鏽地帶」因鬥不過矽谷等地的高科技產業而衰退，於國內競爭失利後，不少人因此而失業。

在「全球最佳經營模式」的影響下，美國企業確實將生產主力移向海外，但這些公司也因此而高度成長，在美國國內創造出大量的就業機會。

圖3-5　川普政權的政策（百日行動計畫）主要內容

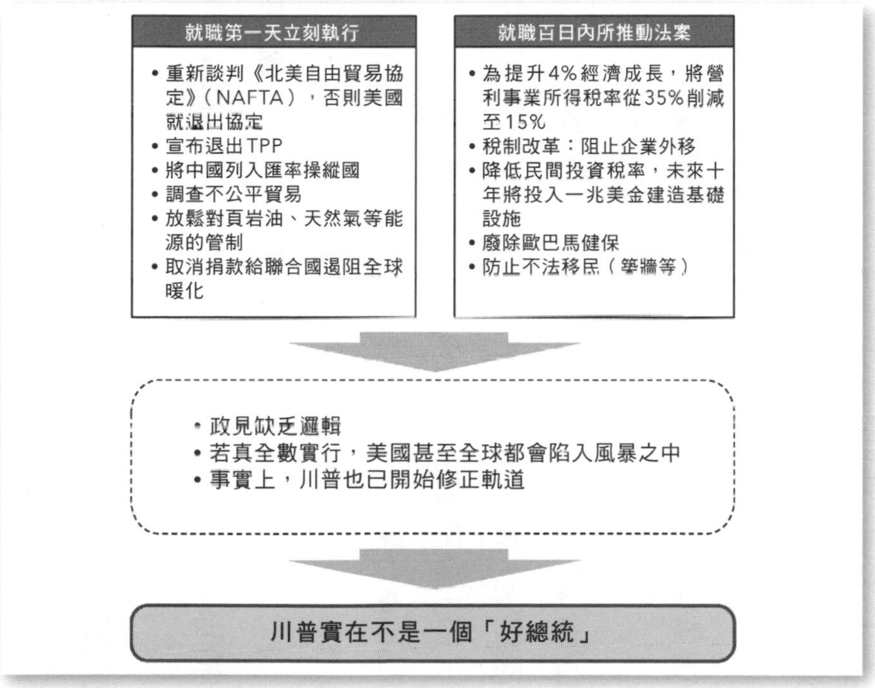
就職第一天立刻執行
• 重新談判《北美自由貿易協定》（NAFTA），否則美國就退出協定
• 宣布退出TPP
• 將中國列入匯率操縱國
• 調查不公平貿易
• 放鬆對頁岩油、天然氣等能源的管制
• 取消捐款給聯合國遏阻全球暖化
就職百日內所推動法案
• 為提升4%經濟成長，將營利事業所得稅率從35%削減至15%
• 稅制改革：阻止企業外移
• 降低民間投資稅率，未來十年將投入一兆美金建造基礎設施
• 廢除歐巴馬健保
• 防止不法移民（築牆等）
• 政見欠缺邏輯
• 若真全數實行，美國甚至全球都會陷入風暴之中
• 事實上，川普也已開始修正軌道
川普實在不是一個「好總統」

川普不可能兌現政見，將這些政見付諸實行等於自取滅亡，他根本當不了一個「好總統」。

資料來源：本圖係綜合《日本經濟新聞》與其他資料所製
©商業突破大學研究所

錯的不是「全球最佳經營模式」，而是美國的稅制

川普還搞錯了一件事——他以為脫離「全球最佳經營模式」、將生產流程「鎖」在美國，就可以幫助美國國民。

像沃爾瑪（Walmart）或好市多（Costco）這種美國零售企業，都是在中國、越南、孟加拉等國生產商品後，再以進口商的身分將商品輸入美國。這是壞事嗎？並不是，因為國外的生產成本比美國便宜。簡單來說，美國的商品是「全球最佳經營模式」的產物，也因為這套流程，美國國民才能用便宜的價格買到東西。川普的支持者、窮苦白人之所以薪水這麼低還能生活，其實正是拜「全球最佳經營模式」所賜。

川普之所以要求美國企業「回國」，還有另一個理由——美國企業賺了這麼多錢，財產卻大多留在國外。

美國的蘋果、Google、醫藥廠商等當紅炸子雞企業，大約有兩百兆日圓的

資金留存國外。蘋果執行長庫克（Tim Cook）還因涉嫌逃漏稅，親上火線到美國國會解釋。庫克表示，企業將資金留存低稅率國家是理所當然的，「我們是為股東工作，美國稅率高，股東不願意我們將資金放在美國，所以蘋果才將資金留存海外。」

他說的非常有道理，就現行制度而言，企業將資金留存海外本就是理所當然。美國若希望企業乖乖繳稅，就應該改變遊戲規則，修正課稅機制，看是要讓資金回流美國，還是對美商的國外資金徵稅。

假設美國將營利事業所得稅調升至四五％，即可多出將近一百兆日圓的稅收。照理來說，美國應該要制定合理的稅制，增加稅收後，再將錢回饋在貧窮階層上，這才是政治原本的功能不是嗎？

將進口關稅提高至四五％只是治標不治本，若企業不將海外工廠遷回美國，川普依舊擋不住「全球最佳經營模式」的浪潮。

川普將引發「通貨膨脹危機」

如果川普真的「說到做到」，將關稅提升至四五％，美國可就慘了。美國企業有個奇怪的習慣——一旦進口貨物的裝載費、航空費、保險費等起岸費用上漲，他們就會將漲幅算在「銷售價格」頭上，而非「進口價格」。

舉例來說，如果他們本打算將一百元進口的商品以四百元賣出，當關稅提升至四五％，一般進口商都是以進口價一百元計算，將銷售價格調漲至四百四十五元。但美國不同，他們中間所有經銷都會跟著漲四五％，原本只賣四百元的東西，若提升四五％關稅，最後就會以五百八十元賣到消費者手上。

像這種因成本增加而導致物價上升的情況，稱作「成本推動型通貨膨脹」（Cost-push Inflation）。若川普真的提升關稅，美國將陷入嚴重的通貨膨脹風暴之中。一旦物價上漲，首當其衝的就是窮苦白人，這群川普粉絲很可能會無法生活。

iPhone要改在美國生產？

在通商政策方面，川普將中國和墨西哥視為眼中釘。

美國前總統老布希（George H. W. Bush）在經濟上為了與歐盟抗衡，於任內簽署了《北美自由貿易協定》，從美國阿拉斯加州到阿根廷的大火地島都是其涵蓋範圍。然而，川普〔正確來說，應該是他的顧問納瓦羅（Peter Navarro）〕卻認為該協定剝奪了美國的就業機會，只想除之而後快。

除此之外，川普認為中國透過操縱匯率提升國際競爭力，主張要從中國手上搶回就業機會。福特和克萊斯勒的前執行長——艾科卡也說過一樣的話。

川普將關稅提升至四五％，揚言要奪回美國的工作機會。他對於這件事執著到了極點，他甚至向iPhone的下游代工廠——鴻海企業董事長郭台銘喊話，要求他在美國生產iPhone。在賈伯斯（Steve Jobs）時代時，郭董曾對蘋果言聽計從，如今則跟川普說他會「考慮看看」。

iPhone要全程在美國生產是不可能的。現在iPhone生產線位於中國成都，員工高達一百萬人，美國要從哪生出一百萬名藍領階級？**美國已經沒有能力調度這麼大批的藍領階層了。**既沒材料，又沒人力，到底要怎麼生產iPhone？因郭董是商人，所以只說他會考慮看看，並沒有正面給出答案。

川普大漲關稅，車商大傷腦筋

因「川普關稅」而受害的，還有進駐墨西哥的汽車廠商。

在《北美自由貿易協定》的庇護下，墨西哥成為美國的生產基地，生產範圍包括消費財、汽車、機械等。去年墨西哥製造了三百四十萬輛汽車，賣到美國和其他中南美國家。

圖3-6　川普的通商政策

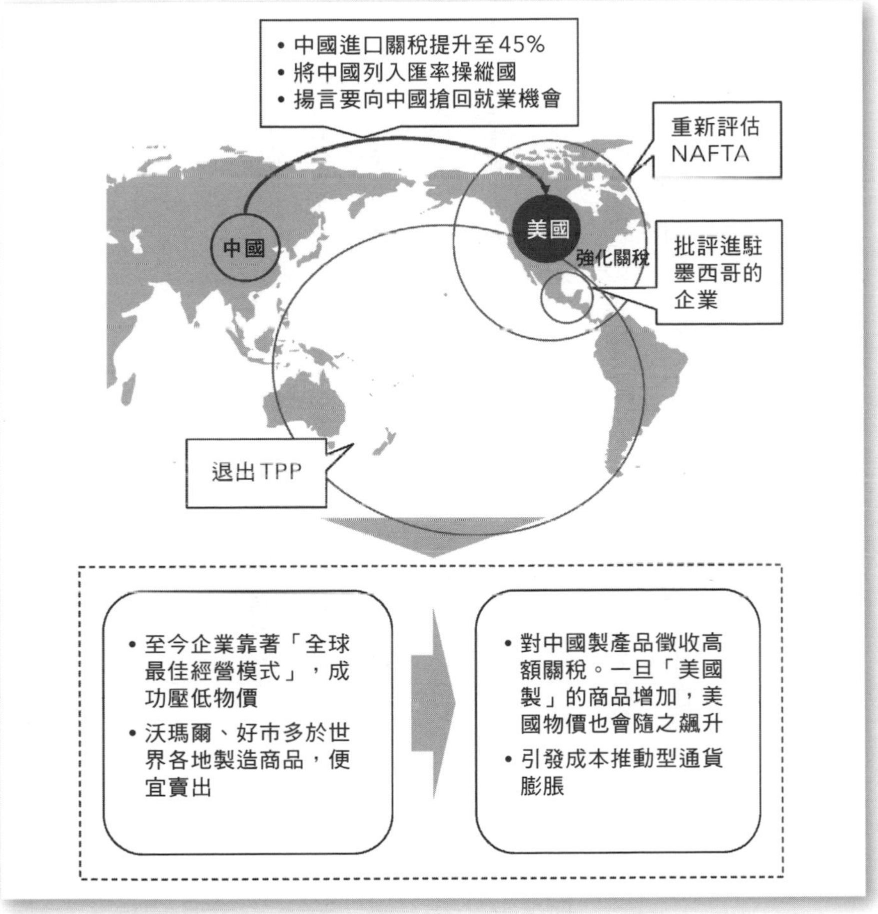

• 中國進口關稅提升至45%
• 將中國列入匯率操縱國
• 揚言要向中國搶回就業機會
重新評估
NAFTA
美國
中國
強化關稅
批評進駐
墨西哥的
企業
退出TPP
• 至今企業靠著「全球最佳經營模式」，成功壓低物價
• 沃瑪爾、好市多於世界各地製造商品，便宜賣出
• 對中國製產品徵收高額關稅。一旦「美國製」的商品增加，美國物價也會隨之飆升
• 引發成本推動型通貨膨脹

美國一直以來都受到全球化的庇護，川普卻反其道而行，改走保護主義、逆全球化的路線。再這樣下去，美國將陷入成本推動型通貨膨脹的危機之中，嘗到物價居高不下的惡果。

資料來源：各方資料
©商業突破大學研究所

日產汽車（Nissan）已在墨西哥設廠超過五十年以上，預計於二〇二〇年產量達到五百八十六萬，比在日本的產量還多。若川普真將關稅增至三五%，那可就麻煩了。

以前汽車公司（包含日系車）大多都在美國國境設立加工出口廠，現在不少公司都將生產陣地轉移到墨西哥市北方——瓜納華托州（Guanajuato）的里昂（León）地區。這些國外汽車廠商的進駐，對墨西哥的產業復興有舉足輕重的作用。換言之，《北美自由貿易協定》帶給墨西哥莫大的利益，川普提升關稅後，這些好處將化為烏有。

除此之外，川普還開始向汽車界進行「個別喊話」。菲爾德斯（Mark Fields）曾任美國福特汽車營運長、日本馬自達（Mazda）汽車公司社長等要職。川普曾打電話給他，要他中止在墨西哥生產三十萬輛小型車的計畫。菲爾德斯告訴川普，福特之所以把小型車生產線移至墨西哥，是為了空出廠房製造旗下的高級品牌林肯汽車（Lincoln），並不會減少美國的員工雇用數。據說川普聽了後沒有說話，但最後，福特還是取消了在墨西哥建造新工廠的計畫。

聯合技術公司（United Technologies）旗下的「開利空調」（Carrier）是美國最大的空調公司。媒體報導開利要到墨西哥設廠後，川普也曾打電話要他們停止設廠計畫。開利拒絕後，川普便開出條件，承諾提供他們補助金。對川普而言，這都是一筆一筆的「交易」。

全球企業每天的「決策」高達數萬條，想必川普無法一個一個打電話去干涉。不過，只要一有媒體爆出哪間企業有意設廠，他就會打電話給對方，再把新聞放給媒體。看來比起美國總統，川普更像電視節目主持人呢。

圖3-7　汽車公司的墨西哥生產計畫（萬輛）

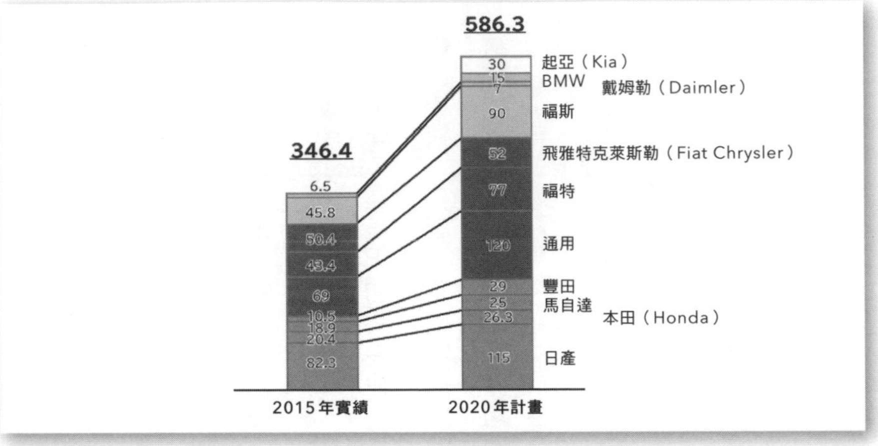

圖3-8　大型日商的墨西哥據點

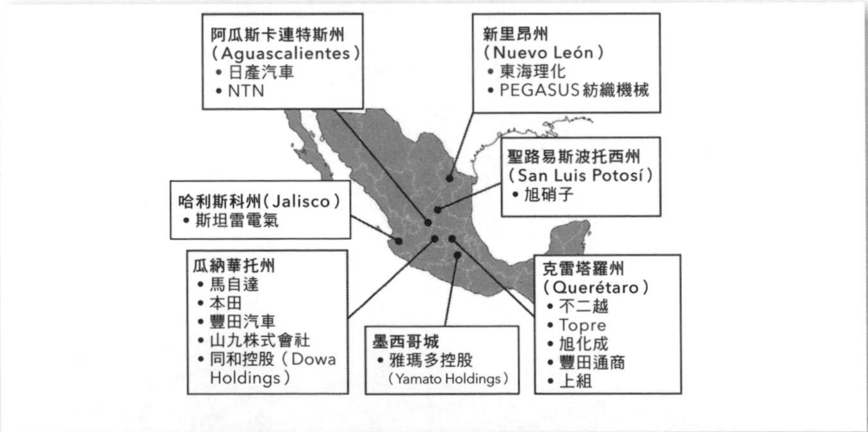

美國一旦重新評估《北美自由貿易協定》，汽車公司、在墨西哥設廠的企業將受到打擊。

資料來源：《週刊Diamond》2016年11月26日號
資料來源：《日本經濟新聞》2016/4/2、各方報導
©商業突破大學研究所

15 預測川普總統的四大走向

簽署行政命令，將自己送上「絕路」

我認為川普政權頂多只能做滿四年一任，不然就是會出現出人意料的進展。圖3-9是我預測的「川普總統四大走向」。

【走向一】政策失敗

如果川普不改作風，不斷推行抗全球化政策，將加速美國在國際上的孤立，並引發惡性通貨膨脹。川普也會因此失去國民的支持。

【走向二】修改政見

像希臘總理齊普拉斯一樣，川普可能會不斷修改政見，進而引發國民反感。也許未來的某天，川普也會乖得像隻貓咪。

【走向三】光說不練

川普若不斷開空頭支票，很可能會受到美國人民以至全世界的批判，甚至做不滿四年就被趕下台。

【走向四】主動辭任

因走投無路而交出政權。若川普真辭去總統職務，屆時就會是副手彭斯（Mike Pence）繼位。彭斯是實力堅強的右派勢力，比起川普，日本更希望他當上總統。彭斯曾擔任印第安納州州長，而豐田汽車全美第二大廠就位於該州，所以他非常清楚日本企業給美國帶來的好處。

圖3-9　川普可能採取的行動及在職期間走向

川普可能採取的行動	國民支持度
走向① 堅持現行路線	不斷推行抗全球化政策，引發惡性通貨膨脹，失去國民支持。
走向② 被迫不斷修改政見	像希臘總理齊普拉斯一樣，引發國民反感。
走向③ 不斷開空頭支票	被全世界罵成臭頭，甚至做不滿四年。
走向④ 主動辭任	因走投無路而交出政權，由副總統彭斯繼位。

- 將幕僚和窮苦白人拋諸腦後，與原本頗有微詞的華爾街連成一氣，中央情報局（CIA）和國防部則形成鷹派。
- 指派石油公司埃克森美孚（Exxon Mobil）執行長提勒森（Rex Tillerson）為國務卿，愛荷華州州長布蘭斯泰（Terry Branstad）為駐華大使，各自為政。
- 一味見機行事。

看到這裡，實在讓人覺得離川普總統遠一點為妙

川普的總統生命很可能僅止於四年。

資料來源：本圖係基於小學館《SAPIO》2017.1製成

川普每簽署一份行政命令，就讓他更靠近「絕路」一步。產業界表面上對他言聽計從，但就現實而言，要脫離「全球最佳經營模式」，施行封閉經濟、自給自足是不可能的。川普的行政命令大多都無法執行，就算執行了，最後一定也會遭到同陣線盟友的背叛，令人不勝唏噓。

川普的「祕密交易」

川普本身的狀況也相當複雜。

他在全球擁有將近三百種事業。比方說，他預計在印度蓋三座「川普大廈」（Trump Tower），在商場上也和不少印度人有深厚的利益關係，並預計在沙烏地阿拉伯蓋川普大廈、度假中心和賭場。川普也計劃在莫斯科建造川普大廈和度假中心，他之所以和普丁總統這麼要好，就是因為這個原因。除此之外，他在美國能源界還有像石油大亨哈姆這種大金主。

美國人從政後，一般都會將手上的資產、事業交付給祕密信託（Blind Trust），委託第三者進行管理，以避免政治人物和其家人濫用職權。在這樣的前提下，即便政治人物推動能讓股價上升的政策，也無法從中獲利。川普當選總統後，並未將資產交付祕密信託，只是辭去川普集團中的所有職務，將事業交給兒子、女兒伊凡卡（Ivanka Trump）、女婿庫許納（Jared Kushner）打理。然而，川普後來聘任庫許納為高級顧問，一切就走調了。他並未與家人完全切割，還讓他們沿用「川普」這個公司名號。讓家人繼續用「川普」做生意並不妥當，即便主事人並非川普本人，其他國家仍會將這個集團視作川普總統的事業，進而產生各種利益衝突。

歷屆美國總統都將資產、事業交給祕密信託管理，川普卻拒絕從命。他這樣的做法，也難怪人家會懷疑他與家人之間有祕密交易。他能否切割乾淨、保持「清白」，實屬一大問題。

16

「川普衝擊」對日本造成的影響

日本不可隨川普起舞

我個人認為，若川普執意走現行路線，他的總統之路很快就會「壽終正寢」。但我們不可因此而大意，還是要未雨綢繆，保護自己的市場不受到川普政令的傷害。

接下來我們來看看川普是否執行政見，將對日本產生何種影響。

醜話先說在前頭，日本最好不要太把川普的話當一回事。日本外交部一向對美國言聽計從，現在可不能這樣了。

川普已簽署行政命令，正式退出《跨太平洋戰略經濟夥伴關係協定》。此外，他不斷邀請日本進行協商，為什麼呢？因為他想為美國爭取利益。

日本在一九七〇年代到一九九〇年代中期，曾和美國協商了將近三十年，打了一場「日美貿易戰爭」。

一開始日本先和美國締結了「纖維協定」。當時美國認為日本的纖維產業過於強大，要求日本改正這不公平的狀況。初期是由宮澤喜一首相負責交涉，經過長期的談判後才終於有了結果。諷刺的是，好不容易談出結果，日本的纖維產業卻在這時沒了競爭力。纖維產業重心逐漸從日本移向韓國、台灣，再移到印尼、中國。正當美國忙著除掉日本這個眼中釘時，新對手也如雨後春筍般冒出。至於這份協議的內容，現在應該已經沒有人記得了吧。簡單來說，當時日本聽美國的話訂了協議，美國非但沒有感謝日本，也沒有因為該協議而獲利。當然，美國的纖維產業也並未因此而起死回生。

鋼鐵也是一樣，日本照美國說的做了，美國鋼鐵業卻愈來愈蕭條，協商毫無效果，更別提電視了。

只要美國找日本協商，永遠都是日本吃虧。日本原就不擅長與美國談判，再加上政治人物大多不懂商務，官僚又一個比一個急著拍美國馬屁，不是依循世界貿易組織（WTO），就是《跨太平洋戰略經濟夥伴關係協定》。現今政治人物對經濟不甚了解，官僚又都只想做好表面功夫，在這樣的情況下，日本怎麼可能有勝算呢？最後一定是被美國打趴。

然而，日本吃虧就代表美國占便宜嗎？那可不一定。看上述纖維的例子就知道，日美貿易談判，美國贏的通常不是利益，而是協商結果。

日本企業的努力成果：和氣生財的汽車產業

日本在汽車產業方面也吃了美國不少虧，但就結果而言，日本車商在美國賣出了六百六十萬輛汽車。為什麼呢？因為日本車實在太出色了！這六百六十萬輛之中，有五百萬輛是在美國境內生產，其餘則是從日本進口。

美國認為，美國車銷路不佳都是日本的錯，所以要求日本車必須有五成附加價值都在美國境內製造，才能符合「美國製」的資格。於是，日本車帶著零件公司一同進駐美國。這麼一來，美國車商也可向日本車商調度汽車零件，間接幫助美國底特律三大汽車集團（福特、克萊斯勒、通用）東山再起。

日本車在美國約有四成市占率，但並非獨占鰲頭，美國車商也從日本車商身上獲取了不少力量，兩者之間和平共處。

川普根本不知道這三十年來，日本為美國車市付出了多少努力，劈頭就說日本車商占了美國的便宜，這根本不是事實。我想，他大概是聽信了小威廉・福特（William Clay Ford Jr.）的遊說吧。畢竟福特汽車二〇一六年才退出日本市場，很可能對日本懷恨在心。

日本應勇於出聲反擊

政治人物、官僚對這段「日美談判史」一無所知。事實上，美國車在日本銷路不好，並非日本的錯，日本也沒有耍什麼手段，而是美國車自己的問題。

可能是因為日本人不喜歡美國車，又或是方向盤太大，不適合日本的道路，也有可能是因為外型不好看，又或是車商沒做好市場調查。不少日本人也對美國車情有獨鍾，像是吉普車（Jeep）就相當受歡迎，我有段時間也開通用的龐蒂克火鳥（Pontiac Firebird）。

相對地，德國三大車廠——奧迪（Audi）、BMW、賓士在日本已各開出五到七萬輛的銷售佳績。既然德國車能賣，自然沒有日本刻意刁難進口車的問題。川普老是說日本在操作匯率，但德國車賣得呱呱叫，美國車卻乏人問津，怎麼不說這是美國車自己的問題呢？

相信之後川普應該會提出具體的數字，要求日本進口多少輛美國車（二十萬輛之類的），日本實在沒必要照他說的做。

面對美國不合理的要求，日本為什麼不出聲反擊呢？「美國車在歐洲賣得好嗎？在歐洲銷路也很差吧？為什麼只針對日本，強迫日本進口美國車呢？」可惜的是，如今日本並沒有敢提出這種質疑的有識之士。

美國資本不斷加入日本市場，有段時間克萊斯勒因在製造銷售上贏不過三菱汽車，便收購了二〇％的三菱汽車股份；福特曾和馬自達展開資本合作，前任福特執行長兼營運長菲爾德斯曾擔任馬自達的社長；通用汽車則和五十鈴（Isuzu）、鈴木（Suzuki）、速霸陸（Subaru）等公司進行資本合作。

然而，這些美國汽車公司只要經營不善，就立刻與日本汽車公司分道揚鑣，像是克萊斯勒賣掉三菱，福特賣掉馬自達。日本都願意開放資本了，美國卻選擇自己放手。

看到這裡也許你會心想：「美國車賣不好、資本也賣不好，憑什麼對日本說三道四？」最可怕的是，當今日本沒人敢說這種話。現今日本政府對美國言聽計從，生怕一得罪美國，日本就會失去安保條約的庇護。這種想法實在非常荒唐，對日本國民而言根本就是變相的犯罪。

日本的談判本錢相當豐厚

豐田汽車之所以說要在美國增資、在印第安納州重開工廠，應該是顧及到彭斯副總統的感受。印第安納州是彭斯的故鄉，豐田應該是想要彭斯在川普面前美言幾句。

這二十年來，豐田帶著旗下的零件工廠進駐美國，不但為美國創造了許多就業機會，也為底特律汽車產業帶來了極大的利益。

如今日本汽車工廠遍及全美，豐田在印第安納、肯塔基等八個州共設立了十座工廠，每年生產超過兩百萬輛汽車；日產也從田納西州的士麥納（Smyrna）出發，擴張至美國各地。

也因為這個原因，美國議會支持日本車商的人，比支持底特律車商的人多。日本汽車工廠遍及美國各州，發揮了極大的影響力，在議會也凝聚了相當的勢力。我實在覺得奇怪，為什麼日本政治家、官僚不從這一點下手，跟美國談判呢？

我曾見證長達三十年的日美貿易戰爭，也為許多企業提供了各種意見。就我來看，日本政府若任由川普予取予求，將造成非常嚴重的後果。我們從日美貿易戰爭中已經學到夠多教訓了，是時候該硬起來奮戰到底了！

再怎麼說，日本比川普多做了三十年功課，千萬不可隨他起舞。日美企業高層每天都很擔心川普又在推特（Twitter）上丟出什麼炸彈，若任由川普這個搞不清楚重點、只會亂簽行政命令的人穩坐總統大位，美國真該讓出世界龍頭的寶座了。

17 如果大前研一主事，會怎麼跟美國談日美通商？

官僚的「犯罪型妥協」

以前曾有媒體問我，如果是我主事，會怎麼跟美國談日美通商？老實說，我是不會接受這種委託的，因為這只是在浪費我的時間。

為什麼我會這麼說呢？因為若手上沒握有「全權」，是無法談出什麼結果的。日本有太多扯後腿的人了，像是手上操有人事大權的政客、官僚……不勝枚舉。在這樣的情況下，怎麼可能做出成果呢？

比方說，日美有段時間曾進行半導體協議，當時摩托羅拉（Motorola）的董事長高爾文（Robert Galvin）、半導體製造公司美光科技（Micron Technology）等公司開始在美國進行政治遊說，日本方則派出了通產省（相當於台灣經濟部）的黑田審議官，和索尼（Sony）董事長盛田昭夫，和美國在夏威夷進行了密談。

美方要求日本開放半導體市場、購買美國產品，經過雙方協調後，最後祕密決定日本每年必須進口一五％的半導體產品，並由美國貿易代表署（Office of the United States Trade Representative，USTR）每年調查進口比例。

不過，美國生產的是軍用半導體，而非日本使用的民生半導體，為此，日本只得將技術傳授給韓國的三星（Samsung）、LG，再從韓國進口半導體，以達到美國要求的一五％比例。這麼一來，受益者便成了韓國，美國根本沒有因此而賺到錢。

因為進口一五％是件大事，所以日本跟美國簽署了文件，卻沒有明文規定從哪個國家進口。這個做法其實非常「官僚」，因為美國一直以為日本會向自己進口，實則不然。

官僚的工作就是如此，從不正視問題的本質。事實上，日本大可老實告訴美國：「我很想跟你們進口，但美國沒有生產我們要的東西。」然而，官僚卻因為害怕得罪美國，而擬定了這種粉飾太平的合約，這對日美雙方都沒有好處。

就某層意義而言，這場交涉根本就是一場犯罪。日本將半導體的生產機器、人才送到韓國，並傳授他們生產技術，最後被韓國反將一軍，陷入一片蕭條之中。進入一九九〇年代後，韓國半導體發展速度勢如破竹，把日本打趴在地。

毫無意義的歷史輪迴

日本應美國要求開放了牛肉市場，然而民眾比起美牛，更喜歡吃澳洲牛。

美國前總統卡特（Jimmy Carter）家裡是種花生的，他要求日本開放花生市場，然而中國花生進來了，美國花生卻沒進來。日本也開放了櫻桃市場，但民眾還是繼續吃山形縣產的佐藤錦櫻桃，銷售量完全沒有受到美國櫻桃的影響。

這三十年來，美國不斷逼迫日本開放市場，卻都是徒勞無功。官僚都換人了，卻還是不斷重蹈覆轍，沒人從歷史中學到教訓。就我看來，這只是在浪費時間，一點意義也沒有。日本為了進口美國車，甚至放寬汽車排氣規範，最後他們還是退出了市場；就連企業資本都開放給美商購買，美商卻說賣就賣。這樣毫無成效的協議，到底有什麼價值？

這三十年來的事件我記得非常清楚，各種事實歷歷在目。不過，這大多都是一九八〇年代末期的事了，現在的官僚年齡層大約在五十歲左右，應該沒有經歷到這段歷史，也對這些事情毫無印象。

最近我和一群記者聊到這件事，他們聽完後，表示自己對這段歷史完全不知情，並勸我上節目公布這段「史實」。但我礙於自己本身也在經營電視台，不能上其他電視台的節目。現今日本的評論家，應該沒人能聊這件事吧。

日美貿易戰爭打得正火熱時，兩國曾利用衛星電視辦了一場辯論會，日方代表有索尼的盛田昭夫、精工愛普生（Seiko Epson）的第一任社長服部一郎，還有我。

這些人都已經離開人世，清楚這段歷史的人已所剩無幾。如今眼見日本又要走回老路，若任憑這些胸無大志的政治家、只想粉飾太平的官僚重蹈覆轍，未來實在堪憂。我們不能讓無意義的歷史再次輪迴，就這一點而言，研讀歷史是非常重要的。

川普雖反對全球化，卻打造川普品牌進軍俄羅斯、菲律賓、沙烏地阿拉伯，在世界各地建造川普大廈，他的女兒伊凡卡所經營的公司也在中國開了生產線。既然他自己都在享受全球化的恩惠，憑什麼禁止其他美國企業全球化？

我認為，根本沒有必要跟這種前言不對後語的人來往。我們必須做好心理準備，咬牙忍耐，用井井有條的邏輯思維反駁他的言論。

18

美國經濟已是世界第一

不必「再次偉大」，美國已經非常強大

假設，只是假設喔！假設川普跟我說，他想將美國發展成全球第一，希望我當他的顧問，我一定會跟他說：「美國已經是全球第一了。」

在全球市值最高的一千家公司當中，有三百三十家是美國企業，而且第一到第十二名都是美商。這二十年來，美國國力強盛，令世界各國望塵莫及。名列前茅的除了有亞馬遜（Amazon）、Google、蘋果，還有奇異公司（General

Electric Company，GE）、嬌生（Johnson & Johnson）、現任國務卿提勒森所領導的艾克森美孚等歷史悠久的企業。

美國在日美貿易戰爭時期確實不太好過，許多行業慘澹蕭條，電器廠商接連倒閉。但今非昔比，從星巴克（Starbucks）到網飛公司（Netflix），**如今美國企業在全球如日中天。不夠強韌的企業在美國國內就已遭到淘汰，剩下的企業在國際間則無往不利。**

若美國企業變得比現在更強，在全球將所向無敵，世界各國都拿美國沒辦法。無論是Airbnb還是優步，一創立版圖就會擴張到全世界，成為競爭對手的一大威脅。

為什麼他們就是不懂呢？因為，川普的支持者大多都是在美國國內就被淘汰、較不具競爭力的族群。我再強調一次，川普對現今經濟真的是一無所知。什麼「美國優先」、「再興美國」——這些想法本身就是謬誤。

就業也是一樣。

美國失業率呈現最低水準

川普不斷強調要創造就業機會，但事實上，所謂的「失業人口」包括不想工作的人和無法工作的人，就理論而言，失業率最低就是五％。美國的失業率現在就只有五％，呈最低水準。也就是說，若川普不開放更多移民，即便鼓勵美商回國、創造新的職位空缺，到時也無勞工可用。

如果鴻海的郭台銘真答應川普的要求，把iPhone生產線移至美國，將需要超過一百萬名的勞工。美國根本生不出這麼多藍領階層，到時就只能雇用墨西哥人。

美國中西部確實有失業率高達五〇％的舊工業區，但是，當地有很多失業勞工都因為酒精中毒、藥物依存等問題而無法工作，要開設工廠可說是難上加難。總歸一句，川普連自己國家裡的狀況都搞不清楚。

川普的首要之務：財富再分配、調整外交方向

中國阿里巴巴集團董事長馬雲曾在達佛斯論壇（Davos Forum）上提到美國的貧窮問題，其內容整理如下：

美國的窮苦白人之所以貧窮，並非因為工作被外國人剝奪。美國應該用社會福利來保障這些窮人，別說美國沒有資金，畢竟你們花了數千億美金在中東打了許多戰爭。美國既然在中東一無所獲，何不把那些錢拿來保障自己國家的窮苦白人呢？如果你們早願意把軍事費用拿來作為低收入戶的補助金，根本就不會有窮苦白人的問題。

他說的一點都沒錯。

川普非但沒有感謝日本對美國的貢獻，還常在推特上攻擊豐田等日本企

業。我實在很想告訴川普，**日本沒有強大到必須成為美國的眼中釘，更不用說，日本可是現在全球最「默默大幅衰退」的國家**。

日本犯罪率低，失業人口和無業遊民也不是太多，經濟低成長，人民卻忍氣吞聲，可說是最典型的「緩衰退」國家。對目前正「緩衰退」的國際社會而言，日本是最完美、最理想的國度。一般而言，其他國家若發展到日本這種地步，早就像美國中西部一樣失業人口暴增、暴動四起、舉國動盪。

馬雲說的沒錯，美國肯花錢打沒意義的戰爭，卻不肯拿錢出來救濟國內的窮人。簡單來說，美國的問題在於政府未盡到財富再分配之責。

自老布希時代至今，美國對中東造成多少傷害，問題卻始終沒有解決，反而有愈來愈嚴重的趨勢。美國把七成國防預算全花在中東真的非常誇張，美國人應該要多多反省，並將錢花在刀口上，幫助窮苦白人。

日本應設法讓美國了解這個道理才對。

第四章

星星之火，可燎歐洲

19 英國鑄下的一場大錯——脫歐

難民會跟本國人搶工作？——民粹的政治話術

英國首相梅伊於二〇一七年三月九日，啟動《里斯本條約》第五十條（Article 50 of the Lisbon Treaty），正式發出脫歐聲明。為什麼會導致這樣的結果呢？其中一個原因便出在英國前首相卡麥隆（David Cameron）身上。我個人非常欣賞卡麥隆，但他犯了三大錯誤。

第一，他讓蘇格蘭人民公投決定是否要獨立；第二，他讓英國人民公投是

圖4-1　卡麥隆首相的錯誤與繼任首相選出過程

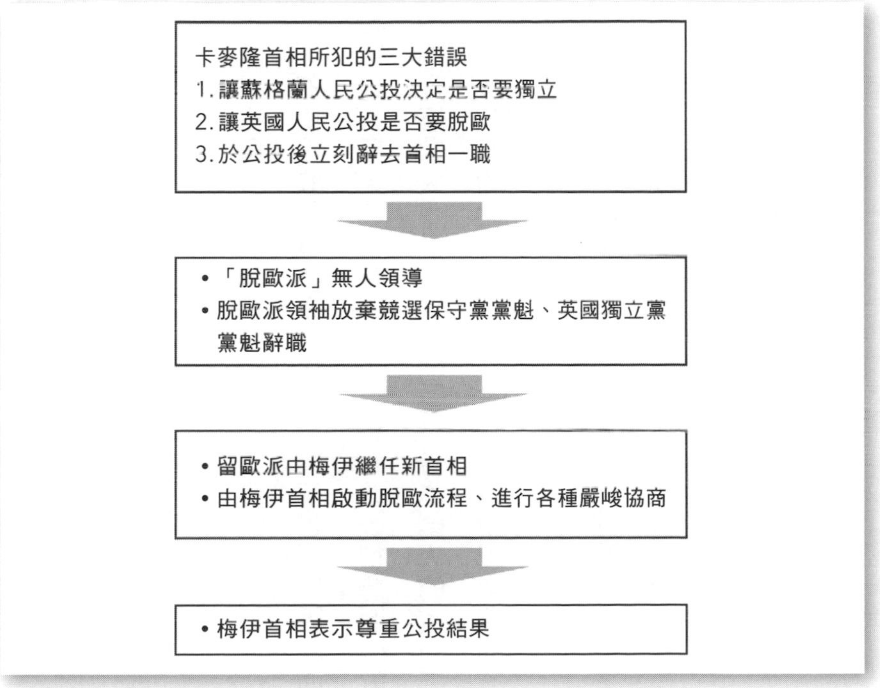
卡麥隆首相所犯的三大錯誤
1.讓蘇格蘭人民公投決定是否要獨立
2.讓英國人民公投是否要脫歐
3.於公投後立刻辭去首相一職
•「脫歐派」無人領導
•脫歐派領袖放棄競選保守黨黨魁、英國獨立黨黨魁辭職
•留歐派由梅伊繼任新首相
•由梅伊首相啟動脫歐流程、進行各種嚴峻協商
•梅伊首相表示尊重公投結果

卡麥隆首相因推動多餘的選舉（英國脫歐公投）而鑄下大錯

資料來源：小學館《SAPIO》 2016.9〈翱翔世界的時代：人類的力量〉，大前研一

否要脫歐；第三，他身為留歐派，卻在公投後立刻辭去首相一職。

卡麥隆辭職後，同為留歐派的梅伊繼任首相，處理各種困難的脫歐手續和談判。

英國脫歐派主張「移民會跟本國人搶工作」，但看圖4-2你會發現，**英國失業率為五%，即便接收兩百萬名移民，失業率也不會因此而升高**。英國就連開了餐廳都找不足人手，非常缺勞工。這實在讓人很想跟脫歐派說：「冷靜點好嗎？英國國內那麼缺人手，移民真的會搶走本國人的工作嗎？」這個說法根本毫無根據，民粹政黨的話術，卻成了英國選擇脫離歐盟的原因，這些政黨跟川普一樣騙了國民。

接下來我們來看圖4-4。年齡愈大，支持脫歐的人就愈多，年輕世代則多選擇留在歐盟。這些年輕人從小在歐盟中長大，對歐盟並沒什麼「深仇大恨」，大多都支持維持現狀。公投結果出來後，有人認為不該讓中老年人決定年輕人的未來，希望可以啟動二次公投。

圖4-2　主要國家的失業率

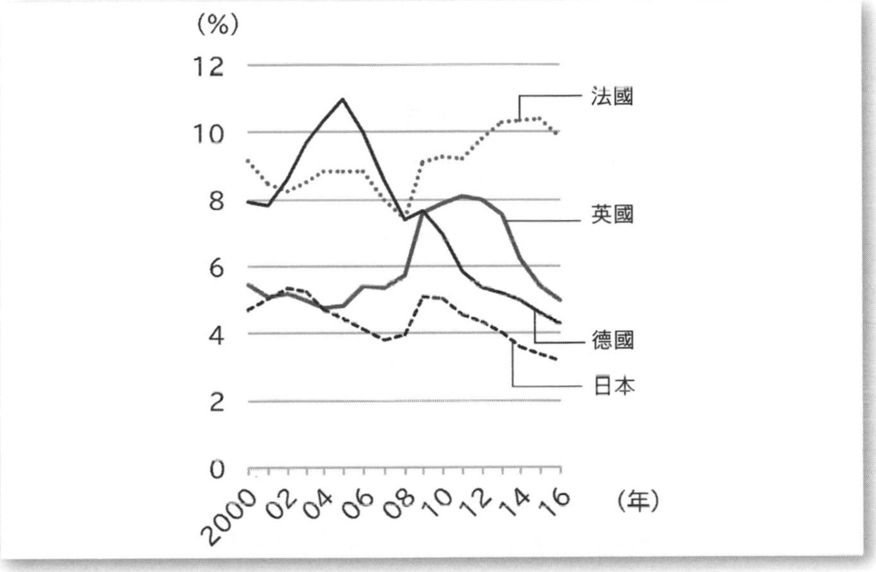

英國脫歐派主張移民會搶走本國人的就業機會，且不願歐盟再對英國指手畫腳，但事實上，英國失業率僅有五%。

資料來源：國際貨幣基金組織《World Economic Outlook Database October 2016》

圖4-3　英國脫歐公投各地投票結果（%）

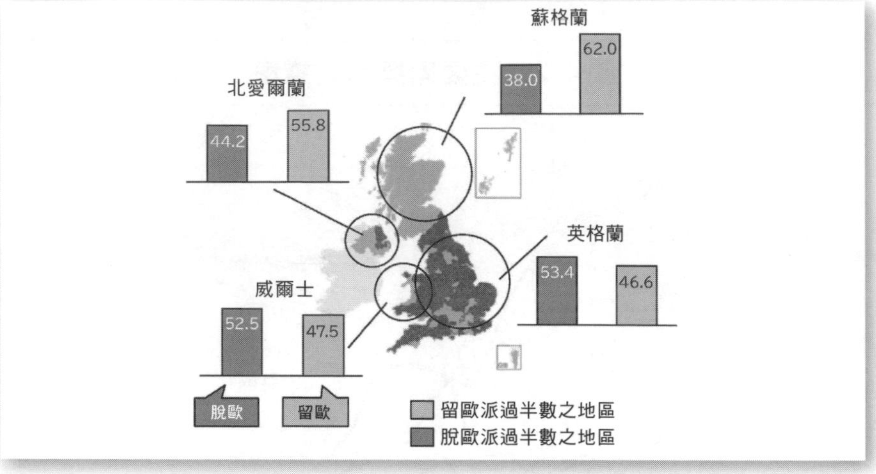

圖4-4　各年齡層英國脫歐公投結果（%）

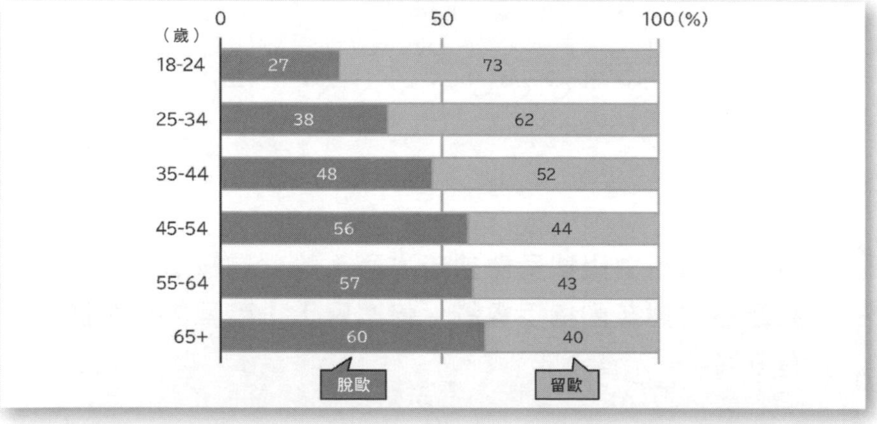

就公投的結果來看，各年齡層、各地區是否支持脫歐的比例差別相當大。

資料來源：英國廣播公司，英國選舉委員會
資料來源：英國廣播公司《EU referendum: The result in maps and charts》

20 脫離歐盟後的人財兩失

英國的如意算盤

英國加入歐盟後，許多企業、資金紛紛進駐英國。如今英國脫歐，這些企業恐怕也要出走他國了。

歐盟會員國遵循的是「單一牌照機制」，比方說，企業只要在英國拿到許可，即可在所有會員國開設分公司，人員調度也不受限制。該制度對銀行業特別有利，也因為這個原因，倫敦市升格為世界第一大的金融中心。

英國追求的到底是什麼？事實上，他們希望歐盟讓他們保留這些好處，但不要讓移民流入英國。

此舉正是歐盟最為詬病的「只想占便宜」。他們認為，如果英國不肯繳交歐盟會費，憑什麼享有「單一牌照機制」的福利？如果歐盟真免除了英國的會員國責任，卻讓英國企業享有可到會員國設點的特權，很有可能會引發「歐盟出走潮」。事實上，丹麥也提出了類似的要求，若其他會員國也跟進，歐盟肯定會分崩離析。於是，歐盟拒絕了英國的請求。

然而，英國走的是硬性脫歐（Hard Brexit）路線，寧可放棄自由出入歐洲的權利，也不要讓移民自由出入英國。歐盟主張英國若要出走，就應該揮一揮衣袖，不帶走任何經濟權益。

若英國真為了移民政策而退出單一牌照機制，國內企業肯定會紛紛出走他國。然而，那些脫歐派卻沒有想到這個層面，一味只想從移民、難民手上「搶回」工作。就這一點而言，他們跟川普是同一個等級。

圖4-5　想要接收倫敦金融機關的鄰國與都市

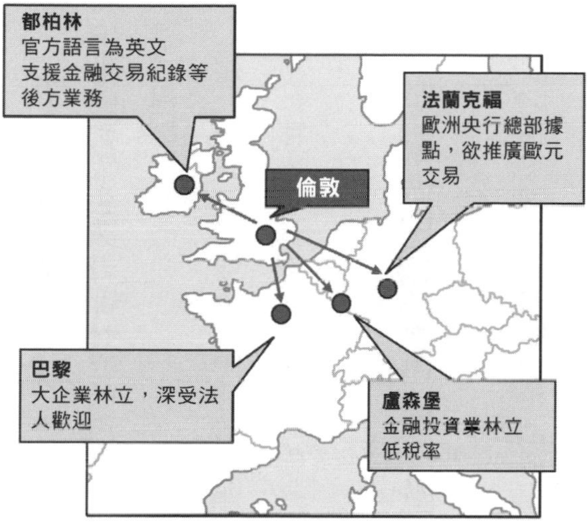

都柏林
官方語言為英文
支援金融交易紀錄等
後方業務
法蘭克福
歐洲央行總部據
點，欲推廣歐元
交易
倫敦
巴黎
大企業林立，深受法
人歡迎
盧森堡
金融投資業林立
低稅率

圖4-6　全球金融中心排行（2016年9月）

名次	都市
1	倫敦
2	紐約
3	新加坡
4	香港
5	東京
9	蘇黎世

名次	都市
12	盧森堡
19	法蘭克福
23	日內瓦
27	慕尼黑
29	巴黎
31	都柏林

出處：英國調查公司Z/Yen之調查結果

英國啟動脫歐機制後，法國等鄰國已蠢蠢欲動，準備挖角有意從倫敦遷出的銀行與企業。

資料來源：本圖係依據《日本經濟新聞》2016/11/29、其他資料所製

法國等鄰國已蠢蠢欲動，準備挖角有意從倫敦遷出的銀行與企業。滙豐銀行（HSBC）已宣布，英國脫歐後他們就要將總部遷到歐洲大陸。蘇格蘭皇家銀行（RBS）預計會回到愛丁堡，但也有可能應法國邀請，將陣地轉到大企業總部林立的巴黎；盧森堡稅率低，金融投資業又發達，也是不錯的選擇。

如今倫敦是全球金融中心的龍頭，一旦大小銀行出走，倫敦金融街的工作將大量外移。若真如此，倫敦恐怕就要將寶座讓給紐約了。

既然英國做出錯誤選擇，歐盟就要做出妥善處置

圖4-7是英國脫歐的必須手續流程，《里斯本條約》規定脫歐談判必須在兩年內完成。因英國企業已走向全球化，比較不會受到影響，然而，一旦談判時間拉長，新的資金將不會再流入英國。受害的除了英國這個「國家」，還有進

圖4-7　英國脫歐流程

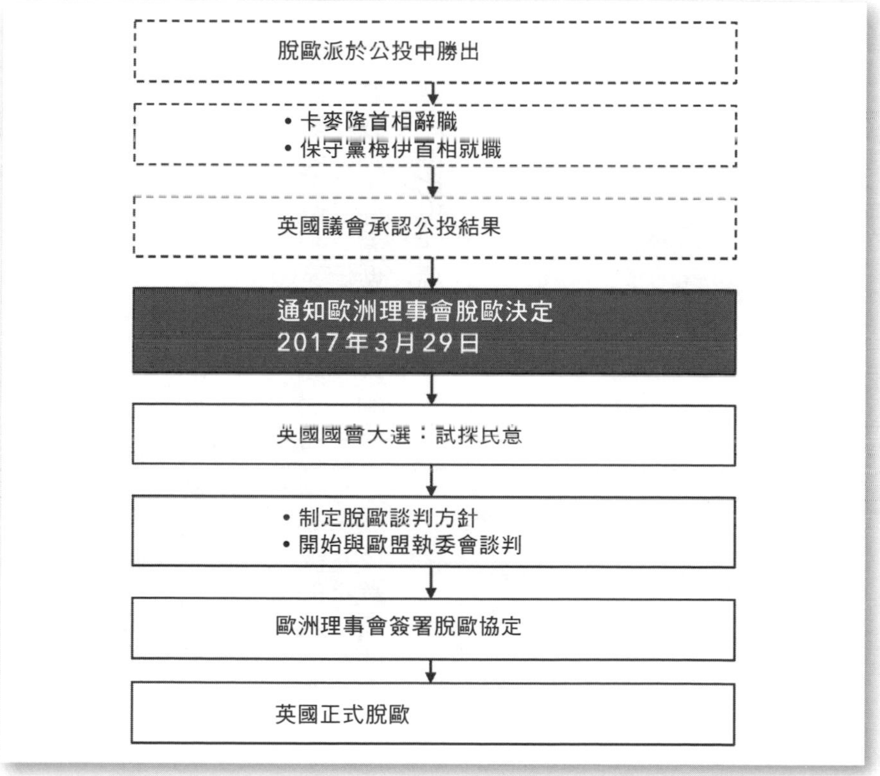
脫歐派於公投中勝出
• 卡麥隆首相辭職
• 保守黨梅伊首相就職
英國議會承認公投結果
通知歐洲理事會脫歐決定
2017年3月29日
英國國會大選：試探民意
• 制定脫歐談判方針
• 開始與歐盟執委會談判
歐洲理事會簽署脫歐協定
英國正式脫歐

2017年3月29日，梅伊首相正式向歐盟發出脫歐通知，須在兩年內完成脫歐手續。

資料來源：小學館《SAPIO》 2016.9〈翱翔世界的時代：人類的力量〉，大前研一
©商業突破大學研究所

駐英國的外國企業。

歐盟不可能答應英國的條件，若真給了英國「特權」，其他國家一定也會吵著要糖吃。只能說，脫歐派打的如意算盤肯定是要泡湯了，英國將陷入水深火熱之中。

在民粹政黨的煽動下，英國國民聽信了錯誤的統計數據，以為移民、難民會搶走自己的飯碗，進而做出脫歐的決定。希望歐盟能讓英國明白，若真脫離歐盟，英國會過得比現在淒慘很多。

21 英國脫歐後，日本企業該何去何從？

英國脫歐是自廢武功

我曾在一篇未被《金融時報》（*Financial Times*）採用的投稿文章中提到：「英國脫歐將對日本造成嚴重後果，因為日本企業投資最多的是美國，第二就是英國。」

日本企業是相中英國為歐盟成員，才把歐洲總部設在英國。若英國脫離歐盟，那可就另當別論了。

圖4-8　歐盟主要國家的直接投資金額變化（股份，1980~2014，兆美金）

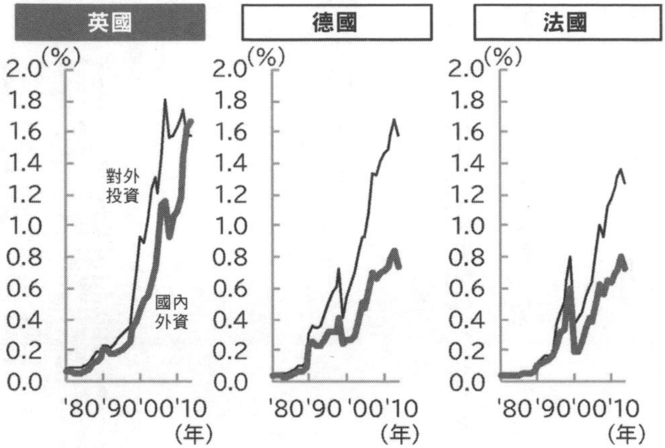

- 各國之所以投資英國，並非相中英國的發展性，而是相中歐洲的發展性。
- 英國能擁有如此多外資，主要是英國的官方語言為英文，管理起來較無言語的隔閡。其他還有英國放鬆限制、英國人較認真工作等原因。

英國因歐盟會員國身分，吸引了許多外資，經濟也因此突飛猛進。脫歐後恐將引發企業、資金的出走潮。

資料來源：小學館《SAPIO》2016.9〈翱翔世界的時代：人類的力量〉，大前研一
©商業突破大學研究所

以前日本企業投資英國只是為了打入英國市場，歐盟成立後則不然。日本選擇英國，除了因為語言較通、人民較勤勞等優質勞動條件，還有一個最大的原因——在英國生產的商品在歐洲可免除進口關稅，也就是說，日本之所以在英國設點，是為了建造「歐洲工廠」。

目前英國境內有一千兩百家日本工廠，其中有超過半數位於威爾士（Wales）。

英國是一個非常優質的「出入口」，日本企業在進軍歐洲時，幾乎都是選在英國設點。由圖4-8可看出，英國對外投資額與國內外資幾乎是相同規模，德國、法國的國內外資卻只有對外投資額的一半。

我的麥肯錫時代：日產的英國設廠計畫

柴契爾夫人在位時，我曾協助日產汽車於英國設廠事宜。

當時日產汽車在英國的市占率高達一六％，所以柴契爾夫人便向石原俊社長發出邀請，希望日產到英國設廠。石原先生表示，他們不懂如何在海外生產，柴契爾夫人便推薦他們向麥肯錫諮詢。於是當時麥肯錫日本分公司的總經理——我，便接下了這份任務。

那時英國的失業率為一五％，一傳出日產汽車要到英國設廠的消息，英國各地的市長、鎮長、村長便大舉湧入麥肯錫位於倫敦聖詹姆斯（St James's）的辦公室。還記得我們選定巽德蘭鎮（Sunderland）後，事情一發不可收拾，勘查還得出動直升機。

巽德蘭廠是日產全球最優質的工廠，勘查後我終於明白，為什麼那麼多國外企業對英國情有獨鍾。英國勞工既優秀又認真，他們到日本受訓後，就幾乎學會了所有生產的訣竅。目前日產和雷諾汽車（Renault S.A.）實質上已合而為一，但爬到高層的人幾乎都不是日產或雷諾的人員，而是巽德蘭的英國人。沒錯，英國人就是這麼優秀！

除了英國，還有別的選擇嗎？

就日本企業的角度而言，當然希望英國留在歐盟。若英國真的脫歐成功，日本可就要一個頭兩個大了。

日本企業無法接受南歐人的工作態度，日產、味之素（Ajinomoto）等不少日商都已撤資南歐。

很多日商也在德國設廠，但因德國失業率只有一％，勞動力相當缺乏。

因此，在英日商應仔細考量後路，看是要遷至其他歐盟國家，還是繼續以英國為據點，再於進口時支付歐洲國家一〇％的關稅。

英國脫歐最糟的下場是什麼呢？那就是聯合王國（United Kingdom，UK）的崩解。

蘇格蘭民族黨女黨魁斯特金（Nicola Ferguson Sturgeon）表示，若英國脫歐，將設法讓蘇格蘭獨立並加入歐盟。

新國家要加入歐盟必須經過二十八個會員國同意。若在以前，蘇格蘭想要在獨立後加入歐盟，英國必將從中阻撓。而英國退出歐盟後，蘇格蘭就無須顧忌這個問題。

若上述事件成真，對日商企業可是美事一樁。為什麼呢？因為蘇格蘭獨立後，威爾士也可能發起獨立運動。若威爾士獨立成功並加入歐盟，威爾士境內的日本企業就可繼續享受歐盟的權益。

至於北愛爾蘭，則有可能脫離英國，與愛爾蘭統一。

這麼一來，聯合王國將四分五裂，就算最後只剩下英格蘭也不奇怪。

若聯合王國只剩下英格蘭，英格蘭的中心為英國金融街，金融街的主要產業為金融業，金融業基本上都反對脫歐。到時若再舉辦一次公投，「留歐派」肯定會獲得壓倒性的勝利。

圖4-9　脫歐後聯合王國的預想分裂狀況

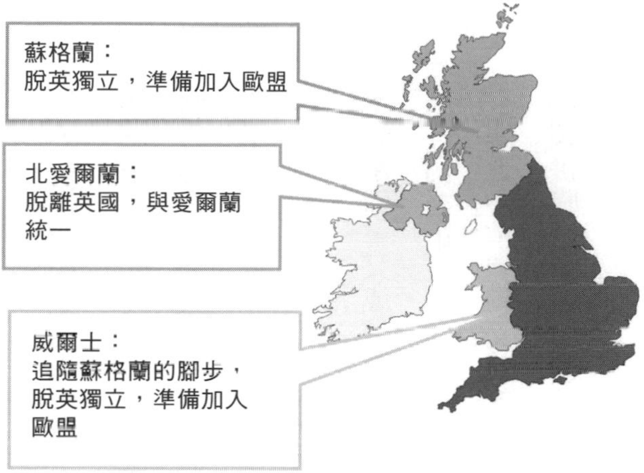

蘇格蘭：
脫英獨立，準備加入歐盟
北愛爾蘭：
脫離英國，與愛爾蘭統一
威爾士：
追隨蘇格蘭的腳步，脫英獨立，準備加入歐盟

- 英國很可能只剩下英格蘭
- 投資將大幅萎縮
- 若威爾士獨立成功並加入歐盟，境內的大批日本企業即可享受歐盟權益

英國脫歐後，蘇格蘭和威爾士很可能會脫英獨立，北愛爾蘭則傾向與愛爾蘭合而為一。若真發展至此，英國很可能只剩下英格蘭。

資料來源：小學館《SAPIO》2016.9〈翱翔世界的時代：人類的力量〉，大前研一
©商業突破大學研究所

日商的當務之急：緊盯英國發展，做好遷廠準備

英國脫歐後，蘇格蘭和威爾士會踏上獨立之路嗎？愛爾蘭會棄英而去嗎？一切都還說不準。在事情明朗之前，無論是日商還是英商都動彈不得，此時做的任何決定，將大幅影響未來動向。不過，若威爾士或蘇格蘭真的獨立並加入歐盟，事情就簡單多了，只要遷往這兩個地區即可。

英國還有兩年才會退出歐盟，就現實考量而言，日商可趁這段時間做好遷廠其他歐洲國家的準備，又或是「賭一把」，等待威爾士脫英獨立。

若你是必須立刻做出決定的製造業，就我本身的經驗，南歐並不適合日商，法國政府干涉太多，德國又缺乏勞工……這麼看來，就只能遷往舊東歐圈了。不過，在德國併購企業也不失為有效的方法。

22

雷曼兄弟等級的危機：德國和義大利點下的火種

令梅克爾首相傷透腦筋的「德意志銀行」

德國還有個嚴重的問題，那就是德國最具代表性的銀行——德意志銀行（Deutsche Bank AG，簡稱德銀）。如今德銀正面臨破產危機，再加上歐盟的各種問題，令梅克爾總理一個頭兩個大。

德銀原屬於全能銀行，除了原本的銀行業務，還兼營證券和保險。二〇〇二年準備引進歐元時，德銀開始將業務重心放在投資上，並開始開拓美國市場。

二〇〇八年，美國的次級房貸危機浮上表面。美國司法部針對德銀在美國販賣房貸擔保證券一案，對德銀開罰一百四十億美金。除此之外，德銀在其他各國的訴訟案件高達七千件。

之後德銀負債高達兩百六十兆日圓，收益狂跌。再加上歐洲央行（ECB）的量化寬鬆政策、負利率等問題，收益難有起色。

日本銀行幾乎都是零負債，相比之下，德銀的兩百六十兆根本就是天價。德國政府就算想要營救德銀，也不知從何救起。梅克爾總理對投入政府資金相當反感，她和財務部長蕭伯樂（Wolfgang Schäuble）已明言表示，將不會對德銀伸出援手。德銀雖對外宣布要自救，但在幾乎沒有利息的情況下，根本賺不了幾個錢。

國際貨幣基金組織在其發布的「金融機關系統風險指數」中，依照公司債、衍生性金融商品等要素評鑑了全球主要金融機關，結果顯示，德銀是對全球金融系統影響最大的金融機關。由此可見，萬一德銀真的出事，影響規模將

圖4-10　德意志銀行的財務惡化過程

德銀原為全能銀行，二〇〇二年引進歐元時，開始將業務重心放在投資上，並積極開拓美國市場。

二〇〇八年，美國次級房貸危機浮上表面。

二〇一六年九月，美國司法部針對德銀在美國販賣房貸擔保證券一案，對德銀開罰一百四十億美金。此時德銀在全球的訴訟案件高達七千件。

據傳德銀負債高達兩百六十兆日圓，收益狂跌。再加上歐洲央行的量化寬鬆政策、負利率等問題，收益難有起色。

如今德銀正面臨破產危機，再加上歐盟的各種問題，令梅克爾總理一個頭兩個大。

資料來源：本圖係依據各方資料文獻所製
©商業突破大學研究所

遍及全球。

換句話說，德國正抱著一顆超大的不定時炸彈。德銀若無法自力更生，又沒有外力的援助，將產生比雷曼兄弟事件更大的衝擊。

二〇一七年德國大選，梅克爾總理勢必得對這件事作出表態。德國政府若真要出手相救也是力不從心，歐洲雖有歐洲金融穩定基金（EFSF）和歐洲穩定機制（EMS），但資金也只有五十兆日圓左右，根本解決不了德銀的燃眉之急。

義大利的「脫歐元危機」

義大利為縮小參議院權限而進行修憲公投，最後修憲案遭到否決，親歐派總理倫齊辭職，由繼任總理簡提洛尼（Paolo Gentiloni）組閣出馬競選。他雖是資深政治家，實力卻不足。

圖4-11　各家金融機關的系統風險指數以及影響度

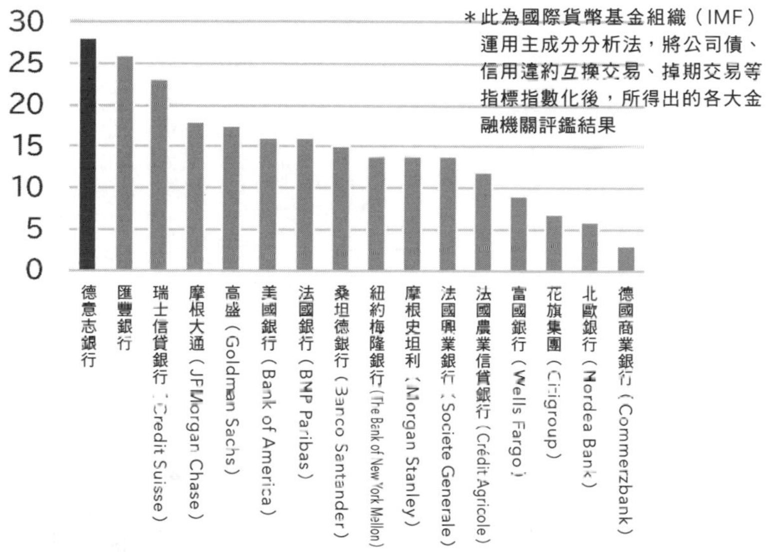

梅克爾總理對投入政府資金相當反感，也只能要求德銀自立自救。

德銀是對全球金融系統影響最大的金融機關，萬一德銀真的出事，影響規模將遍及全球。

資料來源：本圖係依據各方資料文獻所製

如今義大利民粹政黨「五星運動」崛起，該黨主張脫歐元，並贏得了地方選戰。照這樣發展下去，總有一天義大利會舉行脫歐公投。

如果英國、義大利接連脫歐，下一個很有可能就是西班牙。這麼一來，歐洲五強就只剩法國、德國留在歐盟，歐盟解體只是必然的結果。

義大利脫歐將引發比英國脫歐更嚴重的後果，因為義大利使用的是歐元。歐元只可在歐盟會員國使用，義大利脫歐後，勢必得用回原本的里拉（Italian Lira）。屆時里拉的信用度和匯率水準的變動，將造成全球性的大混亂。

此外，義大利第三大銀行——西雅那銀行（Monte dei Paschi di Siena）也爆出經營危機。

德銀財務危機、義大利擬脫歐元——今後這兩大問題將繼續延燒歐洲。

圖4-12　義大利公投之影響暨可能引發之風險

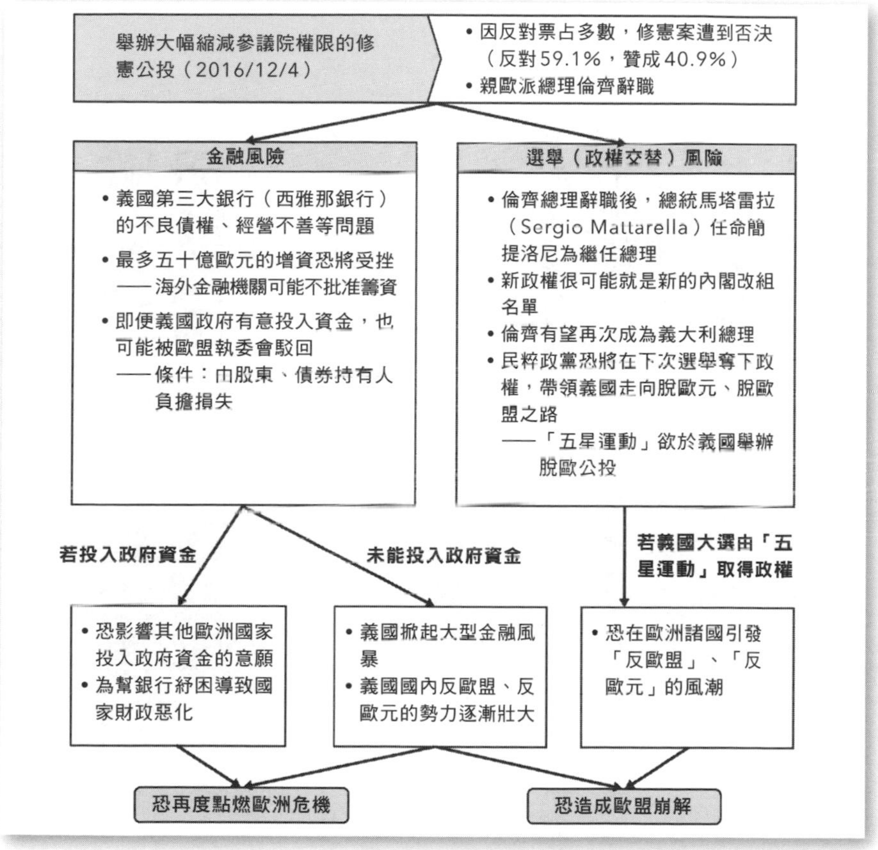
舉辦大幅縮減參議院權限的修憲公投（2016/12/4）
• 因反對票占多數，修憲案遭到否決（反對59.1%，贊成40.9%）
• 親歐派總理倫齊辭職
金融風險
• 義國第三大銀行（西雅那銀行）的不良債權、經營不善等問題
• 最多五十億歐元的增資恐將受挫
——海外金融機關可能不批准籌資
• 即便義國政府有意投入資金，也可能被歐盟執委會駁回
——條件：由股東、債券持有人負擔損失
選舉（政權交替）風險
• 倫齊總理辭職後，總統馬塔雷拉（Sergio Mattarella）任命簡提洛尼為繼任總理
• 新政權很可能就是新的內閣改組名單
• 倫齊有望再次成為義大利總理
• 民粹政黨恐將在下次選舉奪下政權，帶領義國走向脫歐元、脫歐盟之路
——「五星運動」欲於義國舉辦脫歐公投
若投入政府資金
未能投入政府資金
若義國大選由「五星運動」取得政權
• 恐影響其他歐洲國家投入政府資金的意願
• 為幫銀行紓困導致國家財政惡化
• 義國掀起大型金融風暴
• 義國國內反歐盟、反歐元的勢力逐漸壯大
• 恐在歐洲諸國引發「反歐盟」、「反歐元」的風潮
恐再度點燃歐洲危機
恐造成歐盟崩解

倫齊總理於義大利修憲公投失敗後辭職。義大利的金融、政治風險日漸高漲，恐將延燒整個歐洲。

資料來源：此圖係根據各方新聞報導所製

23 歐美兩大地緣政治風險：伊斯蘭國、新興國家

地緣政治風險對世界經濟所造成的威脅

如今在中東地區，敘利亞和伊拉克成了沙烏地阿拉伯和伊朗的「替代戰場」，世界大都市都面臨了伊斯蘭國的恐攻威脅，其中又以歐美各大都市最為危險。

之前沸騰一時的「阿拉伯之春」，如今已淪為**「阿拉伯之亂」**。除了「替代戰場」，沙烏地阿拉伯也破例直接參戰，正式派兵攻打伊朗。

其他軍事政權還包括埃及和泰國。

上述都是所謂的地緣政治風險。再加上，川普背後幾乎都是「猶太遊說團」的代表人物，這樣的背景可能導致中東（尤其是以色列）關係更加緊張。耶路撒冷的「哭牆」（Western Wall，又名西牆），一直是伊斯蘭教、基督教、猶太教的兵家必爭之地。其實，建造兩座「哭牆」也未必不是個辦法。若能和平解決這個問題，肯定能進一步改善中東關係。

如圖4-13所示，新興國家的地緣政治風險高漲。這些風險對經濟也有一定影響，請各位務必關注今後的世界局勢。

圖4-13　新興國家與地區的地緣政治風險

地區・國名	內容
金磚五國	經濟發展原本預計持續成長至二〇五〇年，如今卻已成為過去式
軍事政權	埃及、泰國軍人罔顧選舉結果，主掌政權
石油輸出國家組織（OPEC）	石油減產行動洩露出石油時代的結束徵兆
中南美	墨西哥、委內瑞拉、哥倫比亞、巴西等國頓失方向
土耳其	土耳其過度干涉伊拉克北部的庫德族
利比亞、突尼西亞等國	阿拉伯之春走調，陷入水深火熱之中
東南亞國家協會	遭中國離間，寮國和柬埔寨間出現嫌隙

地區・國名	內容
中東	敘利亞、伊拉克成為沙烏地阿拉伯與伊朗的替代戰場，世界各大都市正面臨伊斯蘭國的恐攻威脅
俄羅斯	總統普丁深受國民歡迎，卻無法與歐美國家溝通協調
北韓	獨裁者金正恩不斷肅清親信，可能很難維持太久
南韓	朴槿惠總統遭罷免，淪為階下囚，政權失能
菲律賓	菲國總統不斷算計親美和親中的好處，鋌而走險
泰國	泰王蒲美蓬（Bhumibol Adulyadej）駕崩，加速了總理帕拉育（Prayuth Chan-ocha）的獨裁行動
印度	因廢除大額紙鈔，導致經濟成長下跌

以「阿拉伯之亂」為首，新興國家的地緣政治風險日漸高漲。

資料來源：大前研一

第五章

無法適應世界的日本經濟和企業

24 內憂外患纏身的安倍政權

外交課題堆積如山

無論在內政還是外交，安倍政權都面臨著許多疑難雜症。

外交方面，日本還不確定該以何種路線跟美國打交道，訂定政策可說是難上加難；英國的脫歐風暴尚未解決，梅伊首相還要解散國會，提早舉行大選；與中國的關係也趨於緊張；朴槿惠遭罷免後，文在寅當選南韓總統，他不承認朴槿惠與日本達成的慰安婦協議，該如何與韓國達成共識將成為日本的難題。

圖5-1　安倍政權所面臨的主要課題

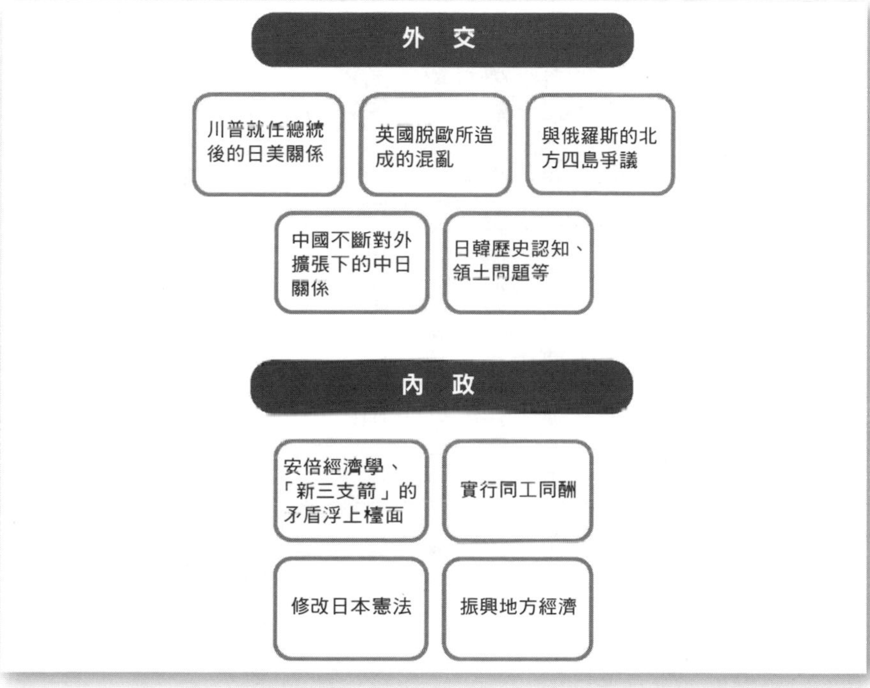
外　交
川普就任總統後的日美關係
英國脫歐所造成的混亂
與俄羅斯的北方四島爭議
中國不斷對外擴張下的中日關係
日韓歷史認知、領土問題等
內　政
安倍經濟學、「新三支箭」的矛盾浮上檯面
實行同工同酬
修改日本憲法
振興地方經濟

安倍政權內憂外患纏身。

資料來源：商業突破大學研究所
©商業突破大學研究所

內政方面，安倍首相不斷強調自己對經濟成長策略的重視，如今卻已是黔驢技窮，打算建設內含賭場的綜合度假村來刺激經濟，真的是「聰明過人」。

安倍首相除了提出「三支箭」，還主張振興地方經濟、改善勞動條件。這些政策的首要之務便是修改憲法，若他能再度贏得眾議院選舉，未來才有望啟動修憲。

「安倍經濟學」、「三支箭」沒做出成果，以至於大家對「新三支箭」是哪三支毫無印象。順帶一提，「新三支箭」是「強大經濟，孕育希望」、「支援育兒，編織夢想」、「社會保障，國民安心」。

光就支援育兒來看，日本國民所期望的生育率為一．八％。

法國於極短的時間內將生育率提升至二．〇％，他們是怎麼做到的呢？法國政府廢除了四十年前的戶口制度、廢除非婚生子女的差別待遇，並立法保障長期非婚同居的對象，讓他們可享有與「配偶」相同的社會權益，包括領取生產補助、免除生產費用、產假所得補償、保母費用補助等。

圖5-2　安倍經濟學的「新三支箭」

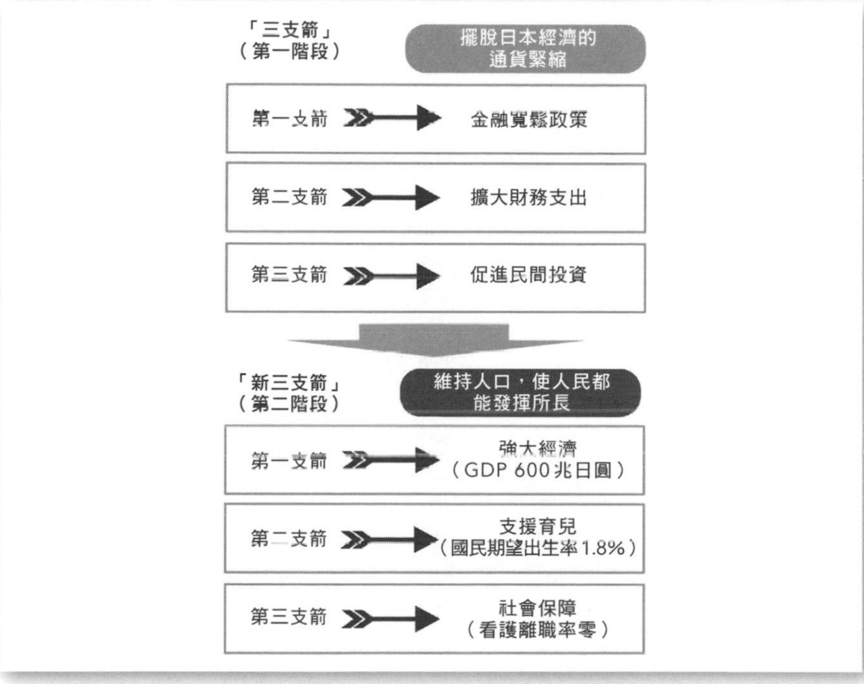

「三支箭」尚未做出成果，安倍政權又推出「新三支箭」，導致日本民眾很多人都不知道「新三支箭」是哪三支。

資料來源：此圖係依據《全球趨勢洞察》、首相官邸、《朝日新聞Digital》等資料所製
©商業突破大學研究所

反觀日本，戶籍制度依然存在，有些人懷孕後，卻礙於不能結婚、擔心子女權益受損而放棄生產。這其實是一個非常大的社會問題，「入戶籍」與「生孩子」綁在一起，儼然已成為生兒育女的阻礙。

現在只有日本、韓國、台灣等地還保留戶籍制度。我在二十幾年前就曾向日本政府建議廢除戶籍制度，但他們完全無動於衷。

公債暴跌，日本即將墜入「通貨膨脹煉獄」

日本央行預計將物價上漲率提升至二%，黑田總裁任期只到二〇一八年四月，卻把目標達成期限改為二〇一八年中旬。這若在其他國家，肯定會被新聞媒體說成「未戰先降」，然而日本媒體對此卻沒說什麼，大概是怕寫得太難聽被安倍首相盯上吧。

安倍經濟學的「三支箭」與「新三支箭」全都毫無成效，世界金融市場會怎麼看待我們呢？其他國家對安倍的金融政策早就不敢苟同，但因為日本已無路可走，也只能任由安倍出招。若日本再拿不出成績，在世界上將失去立足之地。

一旦市場認定安倍經濟學無效，日本公債就會暴跌，墜入名為「通貨膨脹」的煉獄。

日本的公債之所以還平安無事，是因為絕大多數都是日本人在買。若公債暴跌，最後吃虧的還是國民，所以國民一般都不會輕易賣出。不過，日本大多「個體戶」都不是有意圖地購買公債，主要買的還是日本的金融機關和日本央行。金融機關若發現苗頭不對，很有可能會立刻脫手保住資產。大多國家都以為買日本公債的都是日本公民，緊急時刻不會輕易拋售，實則不然。

要特別注意的是，最近愈來愈多外國人開始購買日本公債，若這些人全數脫手，日本公債可能會瞬間垮台，所以我們千萬不可大意。

圖5-3　安倍經濟學的矛盾之處

讓日本央行收購指數股票型基金（ETF）並非經濟政策，充其量只是在維持股價罷了。

↓

日本央行預計將物價上漲率提升至二％，黑田總裁卻將目標達成期限延二〇一八年中旬，也就是自己的任期（二〇一八年四月）之後。

↓

因為日本已無路可走，其他國家也只能任由安倍推出「三支箭」、「新三支箭」等經濟政策。若日本再拿不出成績，今後在世界上將失去立足之地。

↓

一旦市場認定安倍經濟學無效，日本公債就會暴跌，落入名為「通貨膨脹」的煉獄。

安倍經濟學的矛盾點已清楚浮上檯面。

資料來源：此圖係依據《全球趨勢洞察》、首相官邸、《朝日新聞Digital》與各方資料所製

世界各國的通貨膨脹

一九九〇年後，不少國家都陷入通貨膨脹風暴。

舉例來說，巴西的通貨膨脹率曾高達一〇〇〇%，令人瞠目結舌。還記得當時的情況非常誇張，如果公司不提早在月初發薪水，員工根本不肯來上班。因為月底的貨幣價值，可能比月初又少了兩、三成。後來情況愈發嚴重，員工紛紛要求公司改發週薪，而且要週一發薪，不得週五發薪。週一拿到薪水後，所有員工就會到花旗銀行去排上一整天的隊，做什麼呢？把薪水換成美金。也因為這個原因，才有「巴西人每週只工作四天」之說。

斯洛維尼亞的通貨膨脹率更曾高達一〇〇〇%。我曾在通貨膨脹時期去過那裡，聽當時的斯洛維尼亞央行總裁說，在當地寫信一定要用非常大的信封，因為當地郵票印刷的速度完全趕不上通膨，導致信封上都得貼上數量驚人的郵票，地址都只能寫在郵票的「夾縫」間。有時才到郵局郵資又漲了，只好再買郵票，將信封背面也貼得滿滿的。

去咖啡廳喝咖啡，點續杯時發現咖啡又變貴了——通貨膨脹就是這麼可怕。

25

博弈合法化的法案通過內幕

操作股價小心自食惡果

股市因「川普行情」而上漲，企業業績卻每況愈下。因日幣有下跌之勢，連豐田汽車的二〇一七年三月期合併營運溢利都呈現減益狀態。如圖5-4所示，除了通訊業，大多行業都陷入了苦戰之中。

金融政策方面，安倍政權讓日本央行收購指數股票型基金（Exchange Traded Funds，ETF）。然而，該策略充其量只能維持股價，對經濟成長無濟於事。再這樣操作股價，總有一天會出現激烈的反彈效應。

賭場綜合度假村的內幕

美國總統選舉落幕後，安倍首相曾以日本領袖的身分拜訪川普大廈。結束後，安倍首相不肯透露會談內容，但想也知道，川普肯定是覺得安倍這五年來辦事不力，要求日本政府盡快通過《綜合度假村推進法案》（IR，即《博弈解禁法案》）。

拉斯維加斯金沙集團（Las Vegas Sands）董事長——阿德爾森（Sheldon Gary Adelson）於美國總統選戰中，為川普提供了大筆選舉資金。他是世界知名的企業老闆，和川普一樣專門開發賭場和不動產，財產僅次於美國投資大亨巴菲特（Warren Buffett）。阿德爾森是川普的頭號贊助人，為他捐獻了高達兩千五百萬美金的選舉經費。

圖5-4　各行業上櫃企業的上半季之損益總額

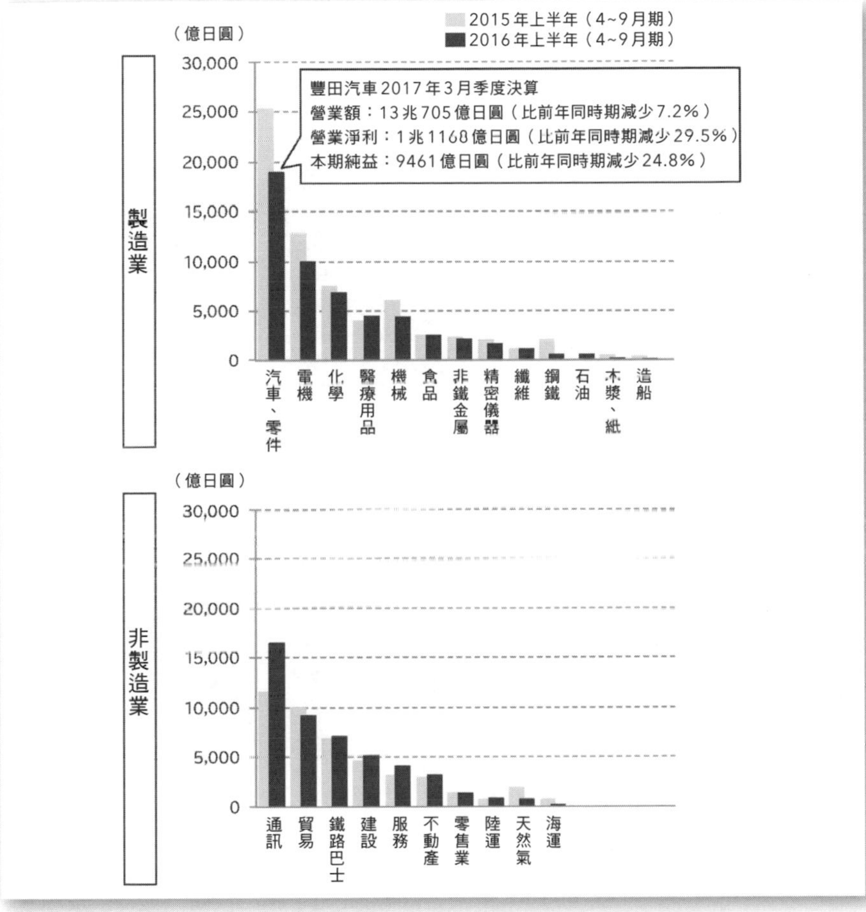

經濟狀況不如前年，企業業績一季比一季差，其中又以製造業跌幅最大，就連豐田汽車都以減收減益收場。

資料來源：本圖係依據日本經濟新聞社《日本經濟新聞》2015/11/17、2016/11/16、豐田汽車等資料所製
©商業突破大學研究所

也就是說，川普為了贊助人的利益，要求安倍首相推動《綜合度假村推進法案》，有利益衝突之嫌。

安倍首相回到日本後，兩週內便通過了長達五年都沒動靜的《綜合度假村推進法案》。

大家都不懂，有必要這麼急著通過這條法案嗎？事實上，急的不是日本，而是美國。安倍首相可能是想藉由此舉證明自己真的是「一黨獨大」，以博取川普的信賴。像川普這麼注重交易的人，一定會對安倍另眼相看，所以在安倍首相二月再度訪美時，川普才會邀請他到佛羅里達的私人高爾夫球場「球敘」，感謝他通過法案的辛勞。反觀中國國家主席習近平到訪美國時，川普在與他共享甜點時下令發射飛彈攻擊敘利亞，和安倍首相的待遇簡直是兩樣情。

有些媒體雖然知道這些「內幕」，卻因為屈於政府的淫威而不敢寫出實情，只好報導賭博跟柏青哥、菸酒一樣都有成癮的疑慮，藉此表達小小的抗議。

利用「護照」預防賭癮

綜合度假村要蓋在哪裡呢？橫濱也在候選名單當中。屆時應該會利用民間資本，前面提到的拉斯維加斯金沙集團應該也會出手投資。事實上，該集團董事長阿德爾森二〇一四年訪日時，就曾表示若日本政府通過法案，他願意投資一兆日圓（以前他對賭場的最高投資額只有五千億日圓）。二〇一七年三月他再度訪日時，又再次強調了這件事。

大約二十年前，我對日本建設賭場曾有過突發奇想。

美國在日本有橫田空軍基地、橫須賀海軍基地。二次大戰結束後，美國陸軍除了在三澤設下基地，還曾在橫濱港的瑞穗碼頭（North Pier）設點。後來美軍從三澤撤退，日本政府有意開發基地舊址，卻不知道能做何用處，導致港邊又被美軍接收。當時我曾向橫濱的商工會議所提議在瑞穗碼頭區蓋賭場，並與美國某博弈公司一起去找美國國防部長談過這件事。

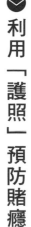

如果美軍不肯將瑞穗碼頭歸還日本，日本人出入碼頭就必須出示護照。若在當地蓋賭場，即可利用護照計算入場次數，管理入場頻率，以預防人民賭博成癮。

山不轉路轉，既然無法要求美軍歸還占地，就乾脆運用占地開設賭場。

順帶一提，在橫濱蓋賭場是無利可圖的。賭場想要賺錢，必須像澳門的鼎盛時期一樣，供中國政治家和官僚洗錢。若想要賺錢，可在橫濱的山下、新山下等地建造賭場以外的度假設施。

26 「同工同酬」將陷企業與地方於不義

「同工同酬」是一場誤算

安倍政權還推出了「工作方式改革」，致力推行「同工同酬制度」。對此我感到相當不以為然，看來安倍首相身邊的顧問，想法都有點跟不上時代。

東京的最低時薪是九百三十二日圓，以此薪資為準，日本各地的時薪差異高達三〇%。若要地方企業支付跟東京同樣的薪水，根本是要了他們的命。如果地方公司必須負擔跟東京一樣的勞動成本，口袋較深的企業就會直接移往東京設點。換句話說，「同工同酬」根本無法振興地方事業，反而會扼殺地方發展。

安倍只看日本國內的薪資差異，但經營者看的是全球的薪資差異。企業理所當然會想到薪資較低的地區設廠，中國、越南、孟加拉這些鄰近國家，薪水只有日本的五分之一甚至六分之一。若日本政府強迫企業買帳，大企業即便嘴上說好，最後也是出走國外。**簡單來說，在「無國界的世界」主張國內同工同酬，一點意義都沒有。**

如今安倍首相的顧問已改口，說「同工同酬」是指在同家企業做相同工作就必須給予相同酬勞。既然要降低標準，一開始何必說大話呢？

圖5-5　各地區的最低時薪（日圓）

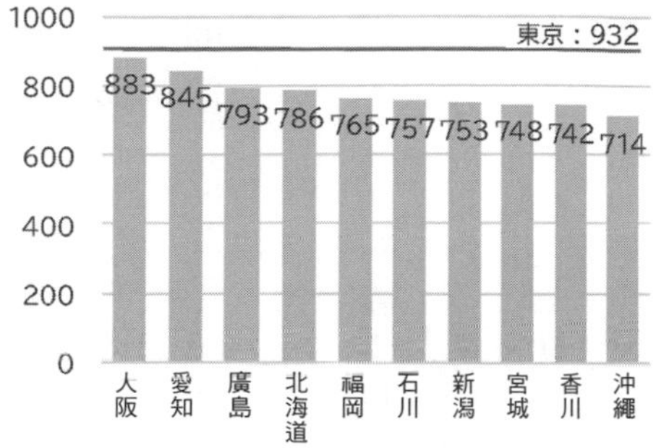

- 若全國薪資都必須向東京看齊，地方公司就只能關門大吉。
- 如果地方公司必須負擔跟東京一樣的勞動成本，口袋較深的企業就會直接移往東京設點。
- 「同工同酬」根本無法振興地方事業，反而會扼殺地方發展。

圖5-6　全球各大都市的月薪比較（一般勞工，美金）

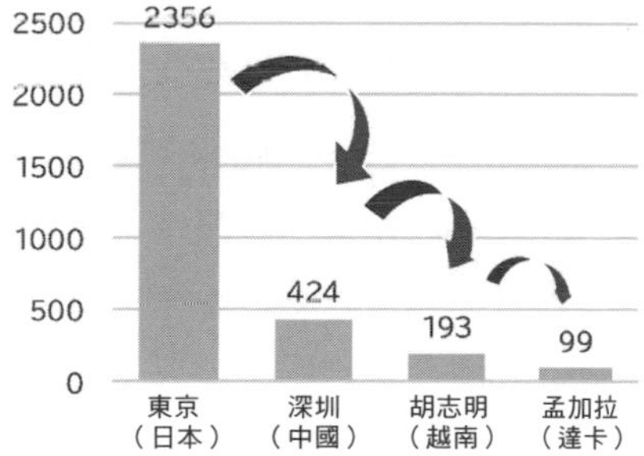

- 若日本政府強迫推行同工同酬，大企業即便嘴上說好，最後也是出走國外。
- 企業追求低成本，一定會慢慢移往中國、越南、孟加拉這些「同工廉酬」的國家。

「同工同酬」不但無法振興地方事業，還會扼殺地方發展。

資料來源：本圖係依據《全球趨勢洞察》、厚生勞動省〈平成28年度各地最低起薪改訂狀況〉、JETRO〈投資成本比較〉等資料所製

©商業突破大學研究所

日本的當務之急：重新討論憲法

日本目前有很多待處理課題，像是自民黨長期執政、中央集權、財政赤字持續擴大、地方經濟不斷衰退、憲法第九條的修憲問題等等（請參照圖5-7）。這些問題的根本原因都出在舊式的國家系統。想要改變現狀，一定要重新討論憲法的〈第八章地方自治〉。

二〇一六年，我在小學館出了一本書叫《你讀過憲法第八章了嗎？》（暫譯），書中討論了日本長年以來面臨的問題。想要杜絕「一黨獨大」，最有效的方法就是修改憲法規定的國家統治機構，而修憲的關鍵就在於憲法第八章。

在每個地區不盡相同的情況下，在國內推行同工同酬根本就是徒勞無功。想要振興地方經濟，必須讓各地自行制定相關規範，各取所需，各為所用。日本的國家制度已經老朽不堪，且缺乏多元性，政府應多打造幾個新的動力來源，結合多方力量脫離經濟窘境。

圖5-7　如今日本所面臨的問題與未來走向（提案）

日本的現狀與課題

- 自民黨長期執政、中央集權
- 財政赤字持續擴大
- 地方經濟不斷衰退
- 安倍經濟學的失敗與公債暴跌危機
- 修憲議題：第九條（永遠放棄以國家主權發動戰爭）、緊急事態條項（對應災害與恐怖攻擊）

日本的未來走向（提案）

- 修改憲法規定的國家統治機構，有效杜絕「一黨獨大」。而修憲的關鍵就在於憲法第八章
- 日本的國家制度已經老朽不堪，且缺乏多元性，政府應多打造幾個新的動力來源，結合多方力量脫離經濟窘境

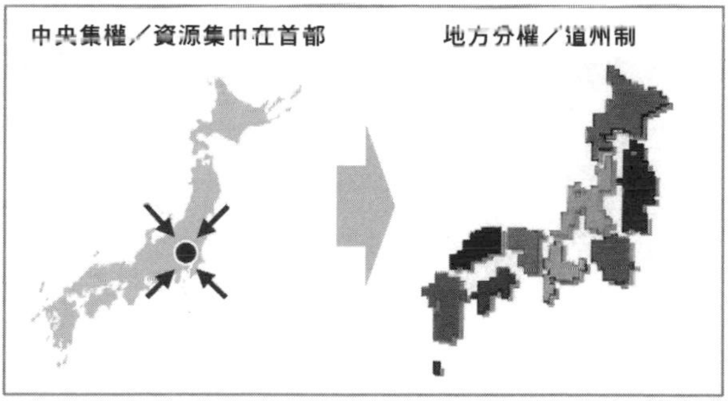

如今日本所面臨的難題，大多根本原因都出在舊式的國家系統。想要改變現狀，就必須重新討論憲法的〈第八章地方自治〉。

資料來源：小學館，《你讀過憲法第八章了嗎？》，大前研一
©商業突破大學研究所

27

解決日俄問題，創造巨大經濟利益

俄羅斯其實無意霸占北方四島

日俄外交關係是兩國的重要課題。我認為，日本應和俄羅斯締結和平條約，建立友好的信賴關係，以創造巨大的經濟利益。

要做到這一點，第一個面臨到的就是北方四島的主權爭議，也就是擇捉島、國後島、色丹島，以及齒舞群島。

庫頁島和西伯利亞目前人口銳減，照理來說，俄羅斯根本不需要北方四島。二〇一六年，俄羅斯政府為增加西伯利亞人口，人民凡住在西伯利亞即可免費獲得一萬平方公尺的土地；二〇一七年起，只要聖彼得堡或莫斯科居民移居西伯利亞，也可免費獲得一萬平方公尺的土地。

這二十年來，西伯利亞人口從原本的八百萬人銳減至六百萬人。跟隔壁中國東北三省的一億五千萬人口比起來，這個數字實在少得可怕。因此，俄羅斯處心積慮想要增加西伯利亞的人口，甚至設法從北韓拉人，多一個算一個，根本無意占有領土。

既然如此，為什麼俄羅斯不把領土還給日本呢？因為日本不斷要求俄羅斯歸還。接下來的觀點非常重要——如果有一天日本聲明俄羅斯不須歸還，他們應該就會主動請日本接收這些區域。

締結和平條約，讓人民自由往返

事實上，無論是對俄羅斯還是對日本而言，北方四島都不具任何價值。

日本之所以想要拿回北方四島的主權，不是想要住在那裡，而是為了能到國後島東南部的漁場捕魚。我在二〇一六年夏天曾騎摩托車環繞北海道一周，騎了大約兩千公里。過程中我發現，北海道的土地其實非常夠用，我朋友還在那裡買了兩百萬坪的土地騎馬。就觀光的角度而言，利尻島、禮文島、奧尻島的觀光資源都遠遠優於北方四島。打開Google地圖，北方四島都是一些小點點。就我看來，北方四島毫無價值，也沒有引人進駐的魅力。

以前住在那裡的一萬五千居民，現在都住在北海道的網走，且年齡都超過八十五歲以上。現在若跟俄羅斯要回北方四島，應該也沒人要搬去住吧。如今居民只希望能夠到島上掃墓，關於這個問題，只要日俄兩國締結和平條約，讓人民自由往來即可解決。

美國從中作梗

然而，二〇一六年底普丁總統訪日時，雙方主要談的卻是經濟合作的問題。為什麼呢？因為日本和俄羅斯之間夾著美國。

因美國對外宣稱，一旦日本拿回北方四島，美國就會將這些領土納入《美日安保條約》的保護範圍。所以普丁才會要求日本給出承諾，保證美國絕對不會到島上設置飛彈。聽到普丁總統這麼說，安倍首相當場臉都綠了，因為他不可能跟美國說：「北方四島是日本的領土，不需要你們保護，你們只要守住尖閣諸島（釣魚台）就好。」

這就是問題的本質——若俄羅斯承認北方四島是日本的領土，北方四島就會被納入《美日安保條約》的範圍之中；若日本不讓美國駐軍北方四島，美軍就不會幫忙守住尖閣諸島。也因為這個原因，日本沒有向俄羅斯要回領土，只得退一步改和俄羅斯談經濟合作。

圖5-8　俄羅斯GDP成長率

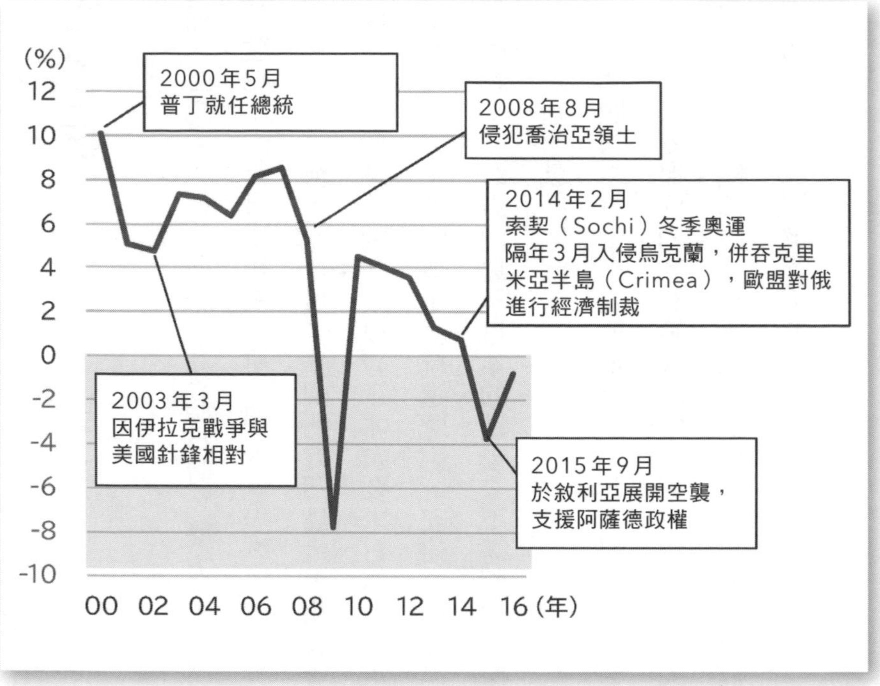

二〇〇〇年後，俄羅斯經濟不斷走下坡，但原油價格依舊持續上升。九成俄羅斯國民都擁戴普丁總統，整個國家呈小康狀態。

資料來源：本圖係依據國際貨幣基金組織《World Economic Outlook Database October 2016》、《日本經濟新聞》2016/6/28、2016/11/24所製

二〇一六年十二月普丁總統訪日之際，美國曾從中作梗，阻擾普丁到東京。普丁總統本該入住東京的迎賓館，但日本因為顧及美國，不便與普丁總統在首都會談，最後安倍首相只好在故鄉山口縣與普丁開高峰會。隔天普丁總統到東京講道館演講完後，便直接返回俄羅斯。日本此舉對普丁總統極其失禮。總而言之，**日俄關係之所以停滯不前，有很大的原因是來自於美國。**

日俄問題的解決關鍵：矯正歷史認知

普丁總統告訴安倍首相：「等日本能夠照自己的想法行事後，我們再來談這個問題。」可見他很清楚，看美國的臉色談判只是在浪費時間。

此外，普丁希望日本能幫國民建立正確的歷史認知——北方四島是俄羅斯第二次世界大戰勝利後得到的領土，而非強取豪奪而來。大多日本人都認為，日本明明就和蘇聯簽訂了《日蘇中立條約》，承諾雙方互不侵略彼此的土地，蘇聯卻在戰爭結束後進入北方四島。

在北方領土爭議上，俄羅斯一貫保持「只要日本願意矯正民眾的歷史認知，俄羅斯就願意歸還領土」的態度。只要解開日本人對歷史的誤會，要解決北方領土爭議，簡直易如反掌。

既然日本無法說服美國，就讓俄羅斯扣住主權吧。不過，為了讓以前島上的居民一解思念之情，日本最好還是要跟俄羅斯締結和平條約，讓人民可以自由進出四島。

追求日俄合作，解決能源問題

日俄之間第二項課題是「能源」。日本經濟產業大臣世耕弘成所提出的八項日俄能源合作計畫，預計將帶來高度成效。

除了在庫頁島裝設天然氣管線通到宗谷岬，若能在庫頁島發電，再運用高

圖5-9 歐俄主要天然氣連接管線

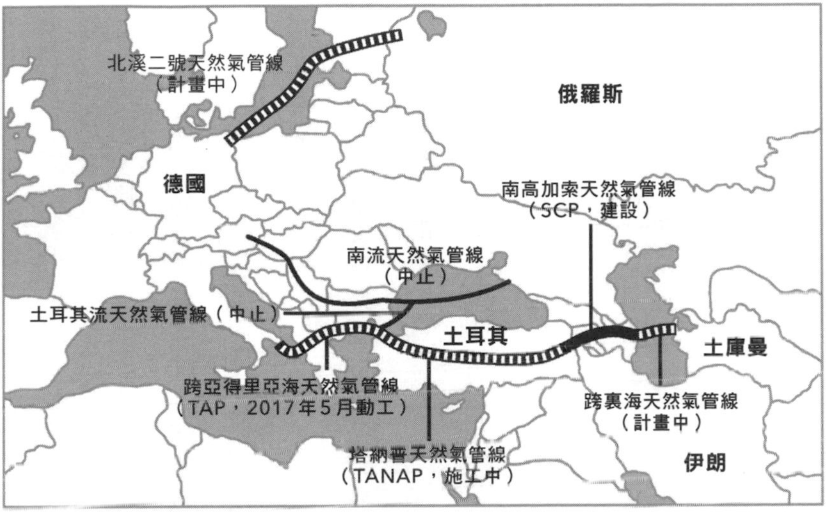

- 跨亞得里亞海天然氣管線：自希臘、土耳其國界延伸至義大利南部
- 塔納普天然氣管線：橫跨土耳其，目前仍在施工中
- 南高加索天然氣管線：從亞塞拜然的裏海側延伸至土耳其東部
- 若接通這三條管線，亞塞拜然的天然氣就可繞過俄羅斯直送歐洲

歐洲諸國因烏克蘭等問題與俄羅斯針鋒相對，為了對俄羅斯進行經濟制裁，並降低對俄天然氣的依賴性，歐洲諸國開始增設管線調度天然氣，這讓經濟萎靡的俄羅斯感到心浮氣躁。

資料來源：本圖係依據國際貨幣基金組織《World Economic Outlook Database October 2016》、《日本經濟新聞》2016/6/28、2016/11/24所製

壓直流輸電直送日本，將可省下三分之二以上的電費。

裝設管線從海參崴送天然氣到新潟也是不錯的選擇，於俄羅斯發電後再送到日本規模最大的柏崎刈羽核電廠，這麼做還可減少日本的二氧化碳量。此外，因二度啟動核子反應爐是相當困難的工作，何不「投機取巧」，將庫頁島的電力送到福島第一核電廠。

歐洲諸國因烏克蘭等問題與俄羅斯針鋒相對，為了對俄羅斯進行經濟制裁，並降低對俄天然氣的依賴性，歐洲諸國開始增設管線調度天然氣，這讓經濟萎靡的俄羅斯感到心浮氣躁。可以預想，若日本能在能源方面與俄羅斯合作，將帶來極大的利益。

和平條約預計將為日本帶來一百萬名俄國遊客

第三項是刺激觀光產業。

俄羅斯人雖然愛國，但還是會出國旅行。目前對俄羅斯開放免簽、落地簽的國家有埃及、土耳其和泰國，不過，自從俄羅斯飛往埃及的客機遭伊斯蘭國炸彈攻擊墜毀、俄國戰機遭土耳其飛彈擊落後，俄羅斯人就不去埃及和土耳其了。

在這些事情發生之前，俄羅斯每年有一百五十萬人出遊埃及，光是土耳其的安塔利亞（Antalya），每年就能招攬五十萬名俄國觀光客。如果日俄兩國能夠放寬簽證、自由往來，每年至少能為日本帶來一百萬名俄國遊客。俄羅斯人喜歡暖和的地方，沖繩正合他們的意。

我認為比起主權爭議，日俄兩國的交流更為重要。日本學校可帶學生到西伯利亞的伊爾庫次克（Irkutsk）、貝加爾湖（Lake Baikal）等地畢業旅行，與當地人進行交流。

俄羅斯和很多國家都有領土糾紛，芬蘭就是其中之一。西貝流士（Jean Sibelius）所做的卡瑞利亞組曲（Karelia）是我最喜歡的曲子之一，曾為芬蘭國土的卡瑞利亞，如今已被俄羅斯占領。然而，兩國之間的關係卻一點也不緊

圖5-10　日俄關係發展方向（提案）

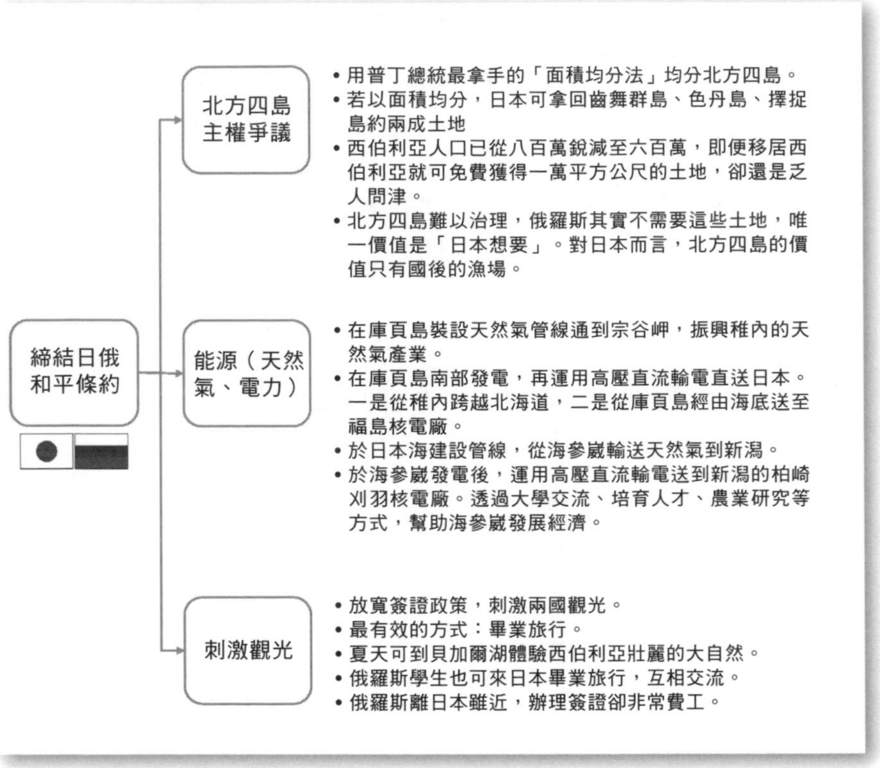
締結日俄和平條約
北方四島主權爭議
• 用普丁總統最拿手的「面積均分法」均分北方四島。
• 若以面積均分，日本可拿回齒舞群島、色丹島、擇捉島約兩成土地
• 西伯利亞人口已從八百萬銳減至六百萬，即便移居西伯利亞就可免費獲得一萬平方公尺的土地，卻還是乏人問津。
• 北方四島難以治理，俄羅斯其實不需要這些土地，唯一價值是「日本想要」。對日本而言，北方四島的價值只有國後的漁場。
能源（天然氣、電力）
• 在庫頁島裝設天然氣管線通到宗谷岬，振興稚內的天然氣產業。
• 在庫頁島南部發電，再運用高壓直流輸電直送日本。一是從稚內跨越北海道，二是從庫頁島經由海底送至福島核電廠。
• 於日本海建設管線，從海參崴輸送天然氣到新潟。
• 於海參崴發電後，運用高壓直流輸電送到新潟的柏崎刈羽核電廠。透過大學交流、培育人才、農業研究等方式，幫助海參崴發展經濟。
刺激觀光
• 放寬簽證政策，刺激兩國觀光。
• 最有效的方式：畢業旅行。
• 夏天可到貝加爾湖體驗西伯利亞壯麗的大自然。
• 俄羅斯學生也可來日本畢業旅行，互相交流。
• 俄羅斯離日本雖近，辦理簽證卻非常費工。

日本應趁著美國總統大選後的「七十日真空狀態」，與俄羅斯締結和平條約，建立友好的信賴關係，以創造極大的經濟利益。

資料來源：小學館《SAPIO》2016.12大前研一

張。芬蘭非但沒要求俄羅斯歸還卡瑞利亞，也並未主張那自古以來就是芬蘭的領土。反之，他們致力於互相理解溝通，讓學生在暑假期間來往交流，又或是到俄羅斯畢業旅行。

要求歸還主權容易引爆衝突。俄羅斯認為北方四島是他們戰勝取得的土地，無論我們再怎麼強調那自古就是日本所有，也無法改變俄羅斯的想法。與其做無謂的掙扎，倒不如學習芬蘭的做法。

28 企業該如何在「後川普時代」求生？

川普上任後，全球正式進入「後川普時代」，今後世界各國將面臨極大的轉變，形成新的外交、經濟局勢。接下來，我們來看看川普上任後，有哪些要素可能帶來變動。

首先是川普是否兌現政見。就現實層面而言，他的政見大多都是空頭支票，若真付諸執行，川普和美國都將自取滅亡。

另外，美國能否繼續升息，也是全球金融界的注目焦點。

對企業有影響的其實不只川普。

英國脫歐對英國設廠公司、有意進駐歐洲市場的公司投下了一顆震撼彈，然而麻煩的是，如今歐洲地區沒有比英國更適合設點的地方。汽車產業還可以進駐波蘭南部和捷克北部，其他產業則幾乎不見成功案例。

亞洲方面，中國的人事費用不斷上漲，若不小心步上索尼或本田的後塵，還可能鬧得滿城風雨，以關廠或出售股權收場。

東南亞國家協會除了泰國以外，各國設備環境尚不夠完善，越南、緬甸等國貪汙瀆職問題非常嚴重，完全比不上中國。

川普奉行孤立主義，跨境電商要注意

川普奉行孤立主義還有件令人擔心的事，那就是「跨境電商」。所謂的「跨境電商」是指「跨境電子商務」，也就是在國外開設網站，讓該國人民可以透過電子商務平台完成交易的商業活動。

據傳現在中國人不再狂掃日貨，但正確來說，應該是「中國觀光客不再狂掃日貨」，因為他們已改在「跨境電子商務平台」上狂掃日貨。

大多電子商務平台是讓人透過智慧型手機訂貨，再直接寄到顧客手上。全球幾個主要地區物流都是二十四小時不停歇，即便你住在中國內陸地區，也只要兩天就能收到其他國家寄來的貨物。也因為這個原因，中國停建了所有購物中心和超市。如今中國、印度等地已不再蓋購物中心吸引消費人潮，而是讓顧客自己上網訂購，透過支付寶、微信支付等方式付費後，再運用物流網絡送貨到顧客家中。中國最大電子商務公司——阿里巴巴於二〇一六年十一月十一日營業額已高達一兆六千億日圓。**若美國繼續加重關稅、推行逆全球化政策，跨境電商也會受到波及。**

圖5-11　2017年後的前景

「前川普」與「後川普」

- 川普當不了一個好總統。
- 今後世界各國將面臨極大的轉變，形成新的外交、經濟局勢。

後川普時代的變動要素

- 川普是否兌現政見？
- 川普是否改變美國的外交立場？
- 是否全面禁止伊斯蘭教徒入境美國？
- 美國是否退出北大西洋公約組織（North Atlantic Treaty Organization，NATO）？
- 是否對中國產品加重關稅？
- 美俄關係將如何發展？
- 如何制訂金融政策？
  →12月14日於聯邦公開市場委員會（Federal Open Market Committee，FOMC）將聯邦基金利率從0.50%調升至0.75%
- 川普能掌政到何時？

川普上任後，全球將面臨第二次世界大戰後的秩序大變動。2017年之後川普政權的變動幅度太大，目前尚難以預測。

資料來源：大前研一

圖5-12　2017年全球各地局勢及對企業帶來的影響

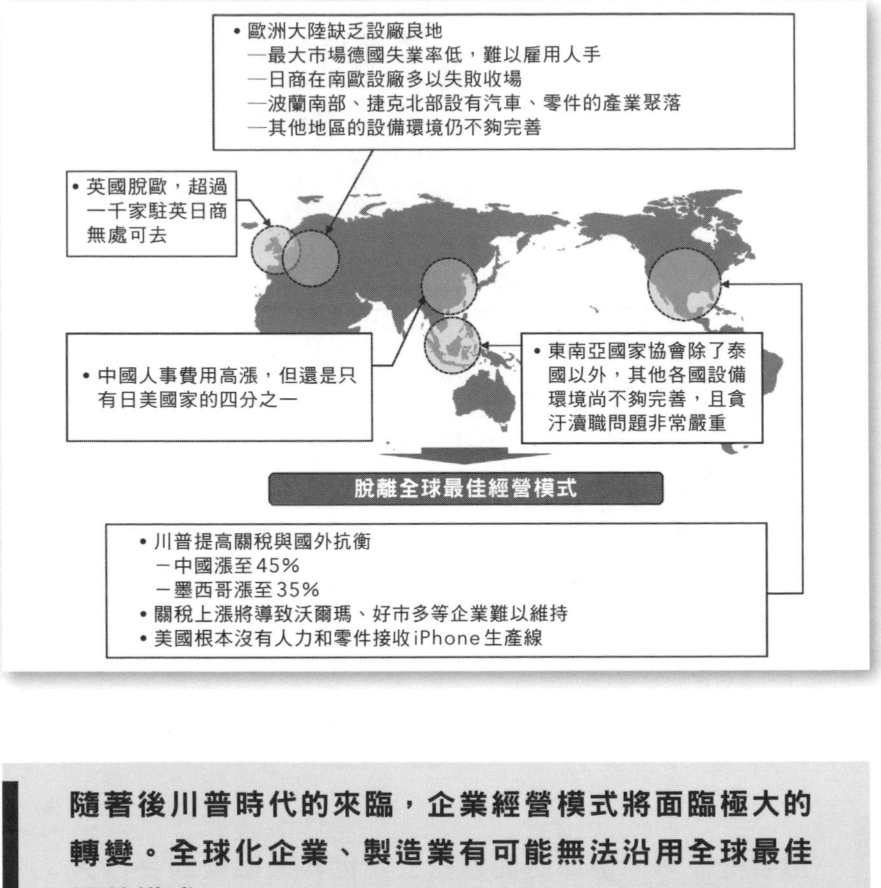

• 歐洲大陸缺乏設廠良地
—最大市場德國失業率低，難以雇用人手
—日商在南歐設廠多以失敗收場
—波蘭南部、捷克北部設有汽車、零件的產業聚落
—其他地區的設備環境仍不夠完善
• 英國脫歐，超過一千家駐英日商無處可去
• 中國人事費用高漲，但還是只有日美國家的四分之一
• 東南亞國家協會除了泰國以外，其他各國設備環境尚不夠完善，且貪汙瀆職問題非常嚴重
脫離全球最佳經營模式
• 川普提高關稅與國外抗衡
－中國漲至45%
－墨西哥漲至35%
• 關稅上漲將導致沃爾瑪、好市多等企業難以維持
• 美國根本沒有人力和零件接收iPhone生產線

隨著後川普時代的來臨，企業經營模式將面臨極大的轉變。全球化企業、製造業有可能無法沿用全球最佳經營模式。

資料來源：大前研一

29 「全球最佳經營模式」已不適用，「市場各自立足模式」才是王道？

企業經營即將進入大轉換期

隨著後川普時代的來臨，企業經營模式將面臨極大的轉變，其中又以全球化企業、製造業的改變最大。以前企業走的是「全球最佳經營模式」，**向最物美價廉的國家購入原料，並雇用薪資最便宜的工人，在最適合的地方加工，再將商品銷售至價格較高的市場，今後卻可能無法沿用這套流程。**

如前所述，川普擁戴孤立主義，一直在推行抗全球化政策，他認為加重關稅可守護美國國內產業，所以將中國進口關稅調高至四五％，墨西哥調高至三五％。若川普再不矯正這個觀念，美國關稅將成為企業沉重的負擔。**這時企業就要考慮放棄「全球最佳經營模式」，改為採取單國生產單國銷售的「市場各自立足模式」——不是到最適合的國家加工出口，而是在主要幾個大國加工銷售。**

在此我還是要再度強調，「全球最佳經營模式」不會輕易走入歷史，畢竟川普政權不知道還能撐幾年。也許有一天川普想通了，把納瓦羅等離經叛道的顧問全數炒魷魚，政策大翻盤也不一定。不過現下企業一定要未雨綢繆，考慮是否改採「市場各自立足模式」，先設法度過這股逆全球化潮流再說。

圖5-13　製造業至今的經營模式

全球最佳經營模式

· 全球最佳經營模式＝自便宜的國家進口原料，於人力便宜的地方生產，再運到價格較高的市場銷售

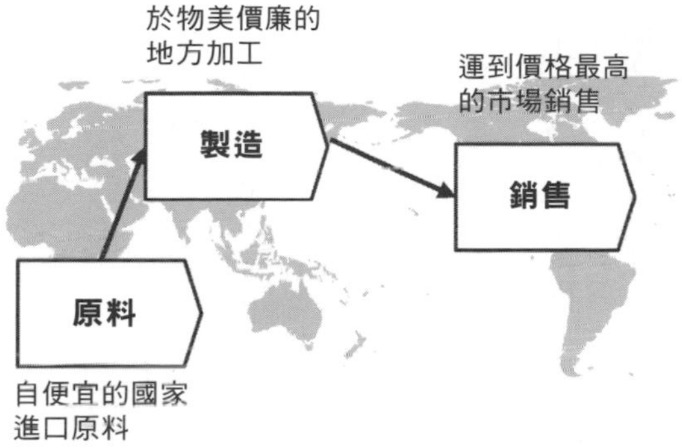

至今「全球最佳經營模式」都還適用

今後（市場各自立足模式）

※請參照圖5-14

川普上任後推崇孤立主義，製造業應根據國別重新設定經營模式。

資料來源：大前研一

今後不可或缺的技術：遠距操縱

因「市場各自立足模式」必須在各個市場設廠，很可能發生育才不及、管理不彰等情況。為了預防這個狀況，我們必須運用物聯網、人工智慧開發遠距操縱技術，用以控管生產線和物流模式。

物聯網、位置資訊、人工智慧等科技目前已相當發達。我在《科技4.0：網路串聯時代的新商業模式》一書中提到，目前科技已能做到工廠生產、品質管理、機器維修全面自動化。只要利用物聯網，即可引進「即時化生產系統」（Just-in-time Systems），在必要時只生產必要的量。

若在物聯網、人工智慧等技術面不及他人，就無法在「市場各自立足時代」中取得優勢，風險也會因此高出許多。今後日本企業應提高警覺，活用科技覓得先機，制定出最合適的經營模式，設法在動盪的時代中求生存。

圖5-14　製造業今後的經營模式

市場各自立足模式

- 川普上任後推崇孤立主義，製造業應根據國別重新設定經營模式
- 於各市場設廠生產，運用物聯網等技術，開發遠距操縱技術管理生產線和物流

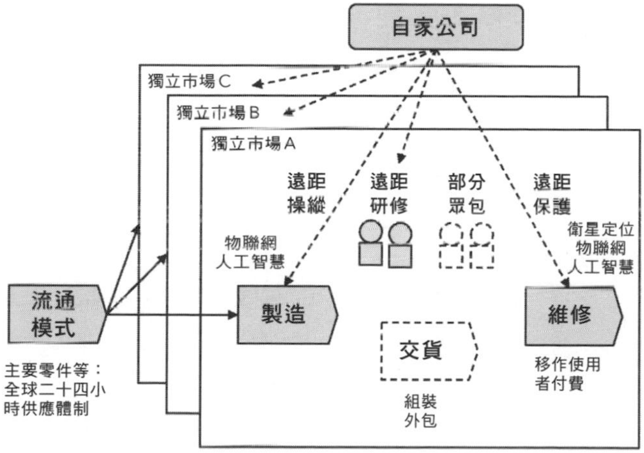

川普上任後推崇孤立主義，製造業應根據國別重新設定經營模式。

資料來源：大前研一

觀察產業聚落，思考未來策略

不想在物聯網、人工智慧等領域落於人後嗎？你需要研究全球製造業的產業聚落。所謂的「產業聚落」，是指企業聚集在某處形成「聚落」，彼此競爭合作刺激創新，藉此帶動地區經濟成長。

最具代表性的「產業聚落」有坐擁舊金山、矽谷的美國灣區，以及推動工業四・〇（Industry 4.0）的德國。

順帶一提，美國卡斯卡迪亞（Cascadia）地區日前因為反川普而發起了獨立運動。卡斯卡迪亞地區是指西雅圖（微軟總部所在地）到加州北部、舊金山一帶。當地居民高喊「川普不是一個總統，也不是我的總統」（Not a President, Not My President）等口號，揚言若川普入主白宮，卡斯卡迪亞地區就要脫離聯邦。

獨立運動可想不可行，若卡斯卡迪亞真要獨立，肯定免不了一場戰爭。不過，

「灣區型」的人才本就不依賴美「國」維生，他們的行商對象是「全球」，而非「全國」，也因為這個原因，這些人只會與川普保持距離，而不會刻意刺激川普。

德國的工業四．〇不容小覷，西門子、博世、德國馬牌在技術上已高人一等，這幾家的人工智慧科技也相當值得留意。

目前為止，美國取得的人工智慧專利是全球最多的，再來則是中國，日本連入門都還不夠格。

汽車產業應特別觀察密西西比河流域、墨西哥中北部的里昂、瓜達拉哈拉（Guadalajara）等地，以及以泰國為首的東南亞國家協會，思考下一套全球戰略。

外包不怕沒人才，單看你的生意新不新鮮

要觀察製造業聚落，你需要一批懂得物聯網、人工智慧、大數據的人才。如果你們公司裡沒有，可新聘相關人員，或是透過「群眾外包」（Crowdsourcing，

簡稱眾包），也就是在網路上發案，利用全球剩餘的資源、人才為你做事。

白俄羅斯有一家名為EPAM的公司，專為美國一流企業製作系統。創辦人告訴我，他們公司旗下有八千名技術人士，但還是有人手不夠用的時候。需要多餘的人手時，他們通常會到Upwork這種眾包平台上，發案給全球各地的優秀技術人員，以彌補人手上的空缺，這讓他們公司增強了幾十倍的戰力。

科技不斷進步，商務形式也日新月異，在這樣的情況下，一定會有產業遭到淘汰。身處這樣的時代，你需要定期進行**「數位破壞」**（Digital Disruption），運用低成本的資訊科技工具開發新的商業模式，在傳統業界引發創新型的破壞。說得更具體一些，就是重新檢視自己的生意，訂立明確的事業策略，並保住需要的優秀人才。

圖5-15　具前瞻性的製造業聚落

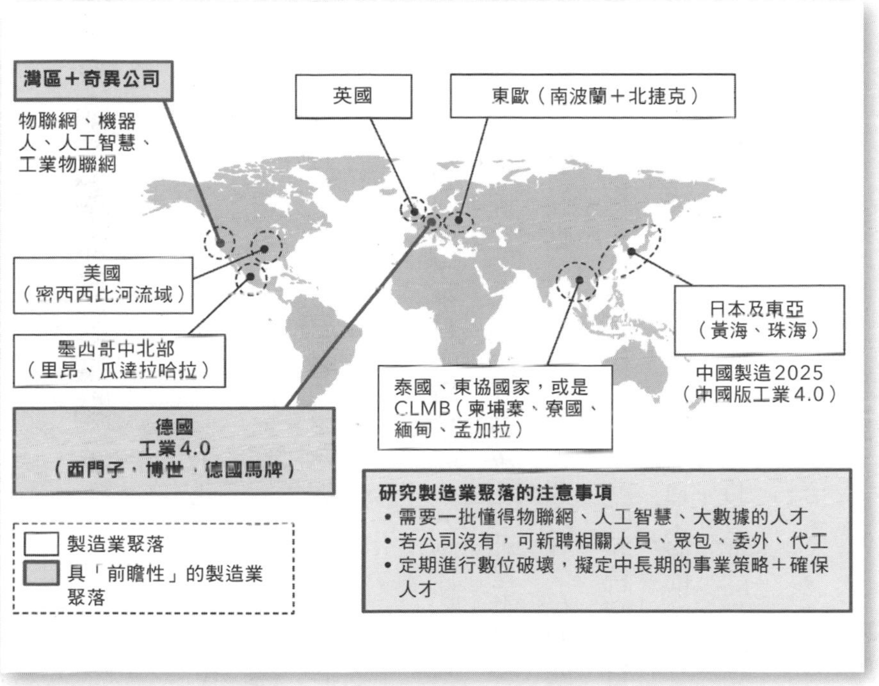

日本應著手研究全球的製造業聚落。若在「物聯網」和「人工智慧」等領域落於人後，將大幅提升風險，其帶來的傷害遠高於景氣的影響。

資料來源：大前研一
©商業突破大學研究所

如何選擇東南亞國家發展據點？

先進國家的GDP成長率多不滿二％，亞洲開發中國家、東南亞國家協會（以下簡稱「東協」）會員國則擁有四％到六％的高成長率，所以不少日本企業都有意進駐這些國家。不少企業老闆來參加我的研習營時，都會問到這方面的問題。

東協共有十八個會員國，他們和歐盟二十八個國家不一樣，既沒有統一貨幣也沒有統一法律，彼此之間國情相差甚遠，沒什麼共同點。

東協國家唯一的共同點，就是除了新加坡之外，每個國家的政治都非常腐敗。還記得馬可仕（Ferdinand Marcos）當菲國總統時，日本企業要做公共工程，總統夫人伊美黛（Imelda Marcos）還派員來收取賄賂。其中又以越南和緬甸最為誇張，印尼也相當嚴重。因此，若你有意進駐東協國家設廠，請務必根據國情商討對策。

如果想要開發市場，建議可到印尼發展，地點可選人口最密集的爪哇島。此外，因印尼是伊斯蘭國家，應特別注意宗教方面的事宜。

不少人都特別看好緬甸，但我認為應再觀望一陣子。現在大批資金從全球各地湧入緬甸，不但地價翻倍，手上握有開發許可權的政府官員唯「財」是用。所以到緬甸投資，沒有大家想像的那麼「便宜」。再加上緬甸人民整體而言缺乏訓練，在管理上可謂困難重重。

目前越南國內已有不少日商。雖說共產黨一黨獨大，貪墨成風，但越南人民勤勞努力，勞工品質相當優良。若要設廠，我認為中國是首選，再來就是越南。

菲律賓人較為自我，不擅長做制式化的工作，所以不太適合製造業進駐。不過，菲國有個委外產業倒是做得嚇嚇叫，那就是用Skype教外國人英文。從事這行的人一般都非常優秀，薪水也不錯，不少曾到國外工作的菲律賓人都很憧憬這個行業。我因為工作的關係，在馬卡蒂（Makati）有五、六十名工作人員，只能說，菲律賓人真的是英文教學界的佼佼者。

印度人通英語但口音很重，相較之下，菲律賓人的英文比較容易聽懂。美國賓州的梅隆銀行就將電話客服中心設在菲律賓，我曾去視察過客服小姐的應對進退，電話另一頭的客戶完全沒發現客服小姐是菲律賓人。不少原本將客服中心設在印度的企業，後來都將陣地移往菲律賓，菲律賓的接線服務真的非常優秀。

終章

向矽谷看齊

30 我們該如何向矽谷學習？

在前面五章中，我們陸續提到了不少重要關鍵字。最後我想將焦點放在「矽谷」和「通貨膨脹」這兩個主題上，帶大家思考企業經營之法，以及個人生存之道。

首先是「矽谷」。

在序章中我們提到，如今全球人才、企業、資金大舉湧入矽谷，矽谷則為世界各地產業提供技術。最特別的是，世界各國都是學習矽谷，而非在自己國家境內打造「另一座矽谷」。我認為這樣的行為最好的形容就是「開外掛」

（Plug-in），說好聽一點是「學習菁華」，說難聽一點是「剽竊心血」。

比方說，美國有Google，中國有百度；美國有Airbnb，中國有自在客跟途家；美國有優步，中國有滴滴出行；美國有亞馬遜，中國有阿里巴巴；美國有Facebook，中國有微信。每次只要矽谷出了什麼新服務，中國就會立刻模仿。有多快呢？快到優步來不及進入中國市場，滴滴出行就已經在中國做出成績了。所以優步一進到中國就被滴滴出行打趴，最後以被滴滴出行收購的形式退出中國市場。

日本何不也「開外掛」？

那麼，若日本要靠創新提升競爭力，該如何向矽谷或其他國家學習呢？

我認為首要之務是學習以下三大「矽谷風格」——

一、「技術平台」：矽谷遍及全球的產品服務。

二、「經營手法」：矽谷式創業手法。
三、「資金人才」：矽谷不斷往各國擴張的資金與人才。

簡單來說，日本必須運用矽谷的技術平台、引進矽谷式經營手法、招募矽谷的人才與資金。

除此之外，日本應善用自己獨特的強項，像是馬力歐、寶可夢等電動文化、製作物品的高度技術、強調日本文化等，將矽谷風格融入日本特色。要注意的是，不是在日本打造矽谷，而是開外掛——模仿矽谷。

沒有國家能成功在國內打造另一座好萊塢，同樣道理，也沒有國家能成功在國內打造另一座矽谷。沒錯，矽谷就好比好萊塢，擁有大量的人才、資金與技術。有段時間，美國波士頓、北卡羅萊納州等「三大研究地帶」曾競爭得你死我活，現在卻連個影子都沒有。矽谷的強項並非專利技術，而是有如雨後春筍不斷冒出、不斷成長的新創企業。這些企業並未活在智慧財產權的保護傘下，其他地區可說是「先仿先贏」。

企業與政府該如何合作？

想要成功「開外掛」，企業和政府要如何合作呢？

政府應將國防、宇宙開發、通訊、個資保護等領域下放民間。大企業則應仿效矽谷打造技術平台並妥善運用。不用什麼都堅持要自己開發，也可收購創新技術，積極投資新創企業，多鼓勵員工自立門戶。

如果你是中小企業或新創企業，建議可從「3C」下手——群眾外包（Crowdsourcing）、雲端運算（Cloud Computing），以及群眾募資（Crowdfunding），創立小型的新事業。矽谷的新創企業可不只是年輕人的天下，無論你是四十歲還是五十歲，只要能找到志同道合的夥伴組隊，一樣可以創造有趣的事物。希望各位都能學習矽谷，從中尋求對未來有益的線索。

31 通貨膨脹時代的求生術

將資產轉為不動產或股票

最後，我們來談談通貨膨脹的因應對策。

今後日本最值得討論的議題，就是如何在少子高齡化、還債人數銳減的情況下，妥善處理高達一千兆日圓的國家債務。否則再這樣下去，日本最後肯定落得跟希臘一樣的下場。

既不能砍掉政府和公共預算，又怕增稅會惹來民怨，那就只能違約拖債了。日本國債一旦違約，肯定會引發通貨膨脹。接下來，我就要告訴大家在這件事上如何未雨綢繆。

一旦發生通貨膨脹，首當其衝的就是年金族。年金的金額是固定的，即便現在月領二十萬日圓，通貨膨脹後實際價值可能就只有兩萬。放眼那些曾經歷過通貨膨脹的國家，年金族個個都過著水深火熱的生活。就拿俄羅斯來說吧，發生通貨膨脹後，俄羅斯老人家根本買不起食物，只好在家裡種菜自救，連續七、八年過著自給自足的生活。

我曾親眼見證俄羅斯的那段時光，只記得年輕人過得愈來愈好，老人家卻深陷苦海。比方說，年輕人若要出門到五、六公里外的地方，不是搭計程車就是搭公車，老人家卻因為沒錢搭交通工具，只能靠雙足步行，有時一走就是十公里。由此可見，若發生通貨膨脹，年金族就只能過苦哈哈的生活。

那麼，要如何預防這樣的情形呢？**建議各位可將資產轉為可增值的不動產（像是地點好的住宅大樓）或股票**。把錢藏在家裡、存定存是沒有意義的，在通貨膨脹時都只會淪為廢紙。

要增加現金流量，除了購買不動產，也可以在都市經營民宿。現在美國很多人都靠Airbnb出租房子賺錢，日本也愈來愈多人開放民宅給外國人投宿，應該相當有「賺頭」。

要買股票的話，可投資民生必需品，也就是日常生活用品。通貨膨脹時，各行各業都會陷入經營危機，但民眾再怎麼樣都得生活，也只有民生必需品不會倒了。

企業如何防患於未然？

企業要怎麼經營，才能在通貨膨脹時有備無患呢？通貨膨脹時若手頭只有現金，一切就完了，因為無論你有多少鈔票，最後都只會變成廢紙。此外，通貨膨脹是國家用「廢紙」抵債的後遺症，緊急時刻連銀行都有可能倒閉，所以把錢存在銀行也不保險。

基於以上原因，**企業應設法分散手頭的資金，換成國際債券或股票**。很多企業習慣將資金存入國內銀行，作為將來貸款的擔保，這實在不是個好方法。明明有那麼多地方可以投資賺錢，何不現在就拿這筆錢來投資呢？現在很多中國人都將資產換成比特幣，分批送到國外。

為了企業的將來，經營者應積極投資併購企業，並致力於研究開發。今後日本市場只會逐漸縮小，企業應盡量開發有潛力的新市場、創立新事業。個人戶也是一樣，五萬也好、十萬也罷，都應拿去分散投資。

新世代新功課：磨鍊「賺錢能力」

通貨膨脹爆發後，想當然耳，很多企業都會開始裁員。因此，我們平時就應做好自我投資，提升自我才能，磨鍊「賺錢能力」。在接下來的時代，只要你有實力，薪水一定會慢慢調升。雖然這可能會花上一點時間，但目前國內外企業都求賢若渴，未來應該會引進以能力支薪的新型薪水制度。

一旦發生通貨膨脹，企業就會一家接著一家倒閉。但不用擔心，有能者不怕找不到好工作，只要你儲備一身優秀的能力，去任何國家都有企業想要雇用你。建議各位可以現在就開始準備，看是要學習一、兩種外語，還是試著到國外生活看看，都是相當寶貴的經驗。

至今我看過太多國家通貨膨脹的慘狀，巴西一〇〇〇％、斯洛維尼亞一〇〇〇〇％……唯有願意投資自我、精進自身能力的人，才能在這樣的環境中依舊如魚得水。

最後我要提醒大家——不可盡信別人的話。我們身邊有太多缺乏常識的人（包括媒體），所以大家原本都不看好的川普才會贏得選戰，不諳經濟的人才有機會掌權。在輿論的庇護下，要除掉這些勝選的總統，又或是跳脫這些人的影響，並不是件簡單的工作。

因此，要在這動盪的時代求生有兩大守則，第一，千萬不可對政府、媒體說的話囫圇吞棗，而是要經過一番融會貫通後做出正確的判斷；第二，積極精進自我能力，成為何時何地都不缺工作的優秀人才。

新商業周刊叢書　BW0675C

世界經濟的新解答

面對貿易戰爭與金融動盪，如何在劇變來臨前站穩腳步？

原文書名／マネーはこれからどこへ向かうか:「グローバル経済ＶＳ国家主義」がもたらす危機
作　　者／大前研一
譯　　者／劉愛夌
企劃選書／陳美靜
責任編輯／黃鈺雯
版　　權／黃淑敏、翁靜如
行銷業務／周佑潔、黃崇華、王瑜、莊英傑

總 編 輯／陳美靜
總 經 理／彭之琬
發 行 人／何飛鵬
法律顧問／台英國際商務法律事務所
出　　版／商周出版　臺北市中山區民生東路二段141號9樓
電話：(02)2500-7008　傳真：(02)2500-7759
E-mail：bwp.service@cite.com.tw
發　　行／英屬蓋曼群島商家庭傳媒股份有限公司　城邦分公司
台北市104民生東路二段141號2樓
電話：(02)2500-0888　傳真：(02)2500-1938
讀者服務專線：0800-020-299　24小時傳真服務：(02)2517-0999
讀者服務信箱：service@readingclub.com.tw
劃撥帳號：19833503
戶名：英屬蓋曼群島商家庭傳媒股份有限公司城邦分公司
香港發行所／城邦(香港)出版集團有限公司
香港灣仔駱克道193號東超商業中心1樓
電話：(825)2508-6231　傳真：(852)2578-9337
E-mail：hkcite@biznetvigator.com
馬新發行所／城邦(馬新)出版集團
Cite (M) Sdn Bhd
41, Jalan Radin Anum, Bandar Baru Sri Petaling,
57000 Kuala Lumpur, Malaysia.
電話：(603)9057-8822　傳真：(603)9057-6622　email: cite@cite.com.my

國家圖書館出版品預行編目(CIP)數據

世界經濟的新解答：面對貿易戰爭與金融動盪,如何在劇變來臨前站穩腳步？/ 大前研一著；劉愛夌譯. -- 初版. -- 臺北市：商周出版：家庭傳媒城邦分公司發行, 民107.06
面；　公分. --(新商業周刊叢書；BW0675C)
譯自：マネーはこれからどこへ向かうか ：「グローバル経済VS国家主義」がもたらす危機
ISBN 978-986-477-456-2(精裝)

1.國際經濟 2.經濟情勢

552.1　　107006434

封面設計／黃聖文　內文設計暨排版／無私設計・洪偉傑　印　刷／鴻霖印刷傳媒股份有限公司
經 銷 商／聯合發行股份有限公司　電話：(02)2917-8022　傳真：(02) 2911-0053
地址：新北市231新店區寶橋路235巷6弄6號2樓

ISBN／978-986-477-456-2
定價／320元

2018年（民107）6月初版
2019年（民108）8月5.6刷
MONEY WA KOREKARA DOKO E MUKAUKA

商周出版

廣	告	回	函
北區郵政管理登記證			
台北廣字第000791號			
郵資已付，免貼郵票			

104台北市民生東路二段141號2樓

英屬蓋曼群島商家庭傳媒股份有限公司　城邦分公司

請沿虛線對摺，謝謝！

商周出版

書號： BW0675C	**書名：** 世界經濟的新解答	**編碼：**

請於此處用膠水黏貼

商周出版

讀者回函卡

感謝您購買我們出版的書籍！請費心填寫此回函卡，我們將不定期寄上城邦集團最新的出版訊息。

不定期好禮相贈！
立即加入：商周出版
Facebook 粉絲團

姓名：________________ 性別：☐男 ☐女

生日：西元________年________月________日

地址：________________

聯絡電話：________________ 傳真：________________

E-mail：

學歷：☐ 1. 小學 ☐ 2. 國中 ☐ 3. 高中 ☐ 4. 大學 ☐ 5. 研究所以上

職業：☐ 1. 學生 ☐ 2. 軍公教 ☐ 3. 服務 ☐ 4. 金融 ☐ 5. 製造 ☐ 6. 資訊
☐ 7. 傳播 ☐ 8. 自由業 ☐ 9. 農漁牧 ☐ 10. 家管 ☐ 11. 退休
☐ 12. 其他________________

您從何種方式得知本書消息？

☐ 1. 書店 ☐ 2. 網路 ☐ 3. 報紙 ☐ 4. 雜誌 ☐ 5. 廣播 ☐ 6. 電視
☐ 7. 親友推薦 ☐ 8. 其他________________

您通常以何種方式購書？

☐ 1. 書店 ☐ 2. 網路 ☐ 3. 傳真訂購 ☐ 4. 郵局劃撥 ☐ 5. 其他________

您喜歡閱讀那些類別的書籍？

☐ 1. 財經商業 ☐ 2. 自然科學 ☐ 3. 歷史 ☐ 4. 法律 ☐ 5. 文學
☐ 6. 休閒旅遊 ☐ 7. 小說 ☐ 8. 人物傳記 ☐ 9. 生活、勵志 ☐ 10. 其他

對我們的建議：________________

____

____

請於此處用膠水黏貼